ALFRED BENEZECH

Souffrir Revivre

LE PROBLÈME DE LA DOULEUR.
L'INSUFFISANCE DES EXPLICATIONS.
LA LUMIÈRE PAR LE PROGRÈS
DANS UN AUTRE MONDE

PARIS
LIBRAIRIE FISCHBACHER
(SOCIÉTÉ ANONYME)
33, RUE DE SEINE, 33
—
1917
Droits de traduction réservés pour tous les pays.
Copyright by Librairie Fischbacher, 1917.

Souffrir, Revivre

ALFRED BENEZECH

Souffrir
Revivre

LE PROBLÈME DE LA DOULEUR
L'INSUFFISANCE DES EXPLICATIONS
LA LUMIÈRE PAR LE PROGRÈS
DANS UN AUTRE MONDE

PARIS
LIBRAIRIE FISCHBACHER
(SOCIÉTÉ ANONYME)
33, RUE DE SEINE, 33

1917
Droits de traduction réservés pour tous les pays.
Copyright by. Librairie Fischbacher, 1917.

DU MÊME AUTEUR

Le matérialisme et la religion dans la démocratie (*Épuisé*).
Causeries morales et religieuses. — Quinze séries (*Épuisé*).
Vues sur une religion libérale. . . . . 0 fr. 75
La lutte contre le cléricalisme. — Librairie Fischbacher. — Un vol. in-12 de 324 pages . . . . 3 fr. 50
Les phénomènes psychiques et la question de l'Au-delà. Librairie Fischbacher. — Un vol. in-12 de 293 pages . . . . . 3 fr. 50

POUR PARAITRE :

Infaillibilisme, Libre-Pensée, Spiritisme.

AVANT-PROPOS

DES PRÉJUGÉS

Connaissez-vous dans les alentours quelqu'un, fût-il un docteur de renom, pouvant se flatter de n'avoir aucun préjugé? On est né dans un certain milieu, on pratique un culte, on exerce une profession; il en résulte une foule d'idées qu'on accepte sans discussion et qui vous suivent pendant toute la vie, à moins que, par conviction ou par intérêt, on n'en repousse, chemin faisant, une partie. Si vous étiez complètement affranchi de toute espèce de préjugés, vous seriez un homme extraordinaire, bien au-dessus des plus grands génies. Le philosophe Descartes, qui voulait arriver à la croyance par le raisonnement en passant par le doute, avec une prudente ré-

a

serve en religion, ne serait près de vous qu'un écolier. On ne vous en demande pas autant. On vous souhaite simplement un amour assez désintéressé de la vérité, quelque indépendance à l'égard de l'opinion et un peu d'indulgence pour les timorés, car, en général, on ne possède une vertu que si, ayant toujours peur de la perdre, on juge avec politesse ceux qui ne l'ont pas.

Quelle bonne fortune pour l'auteur de ce livre, si vous étiez animé de ces louables dispositions ! Vos meilleurs amis, dans les moments de généreuse humeur où l'on est facilement optimiste, vous jugent tel. Puissent-ils ne pas se tromper ! Notre but, en écrivant ces pages, a été de décrire la souffrance humaine sous ses divers aspects. Mais il ne suffit pas de faire un tableau du mal ; on aimerait d'en trouver une explication, ne serait-ce que pour se mieux résigner. Les penseurs ont émis sur cette matière des opinions fort divergentes, souvent ingénieuses, entachées d'un défaut, celui de laisser des objections sans réponse. Or, quand un problème est posé, le lecteur attend d'ordinaire une solution définitive, provisoirement du moins. La décision dans l'argumentation lui est un signe de vigueur intellectuelle dont il sait gré au dialecticien, sauf à se venger plus tard par un excès de sévérité d'avoir été dupe d'une fausse apparence. Nous nous hâtons, au risque de produire une impression déplorable, de déclarer que nous n'avons pas trouvé le mot de l'énigme. L'origine du mal nous paraît être l'un de ces mystères à propos desquels des dogmatistes abusés prononcent des sentences dont ils se contentent, parce que, absorbés par une idée, ils deviennent incapables d'en admettre d'autres. Quelle singulière prétention de vouloir faire resplendir la lumière sur une vaste région, quand on est à peine pourvu de la phosphorescence d'un ver luisant! J'entends une voix intérieure qui me crie : sois modeste, mon ami. Il est permis d'espérer que, dans l'Au-delà, nous acquerrons, en évoluant, des clartés qui ne peuvent actuellement traverser les murs de notre prison.

Voilà pourquoi nous consacrons une grande partie de ce volume à la question de la vie future traitée du point de vue du spiritisme. Celui-ci a de nombreux détracteurs. Nous n'aurions pas voulu, par amour de la paix, faire naître l'occasion de batailler contre eux ; puisqu'elle se présente si naturellement, nous la saisissons volontiers, presque fier de défendre un calomnié qui, du reste, n'a pas besoin de notre plaidoirie, car son procès est en bonne voie. Cependant il est assailli par tant de préjugés à Saint-Étroit, que ce sera pour nous un divertissement d'en examiner quelques-uns.

Vous n'avez peut-être jamais entendu parler de Saint-Étroit. C'est pourtant, on vous l'assure, une localité à laquelle votre géographie, si elle était complète, consacrerait plusieurs lignes. Vous nous remercierez de combler cette lacune. Indolemment établi sur le bord de l'Océan, un peu assoupi, sans industrie, sans grand commerce, riche surtout des produits du sol, Saint-Étroit se laisse vivre comme un baigneur en vacances, sous un ciel clément, devant un horizon immense dont les aspects sont très changeants, tantôt calmes avec des douceurs d'idylle, tantôt tragiques, lorsque le vent souffle en tempête dans les embruns de l'hiver. Si vous êtes un modeste retraité, allez y finir vos jours, dans une paix un peu monotone sans doute, mais favorable au recueillement. Peut-être l'esprit des indigènes vous surprendra-t-il. Le Saint-

AVANT-PROPOS

Étriquais a des yeux d'argus, une langue acérée, et, comme chacun est occupé de ce qui se passe chez les autres, il vit dans la crainte de l'opinion, à moins que, par une illusion assez bizarre, il ne se flatte d'être exceptionnellement à l'abri de la critique, en critiquant beaucoup lui-même le prochain. C'est, prétendent des gens bien renseignés, un défaut commun à toutes les petites villes où la chronique, faute d'événements considérables, s'alimente d'une multitude de minuties auxquelles on attribue une haute importance. Dans les grands centres, il est vrai, à Paris par exemple, quoique les esprits soient plus ouverts, il se forme des coteries où la médisance, avec un accent plus distingué, égratigne autant, sinon davantage. Là, comme ailleurs, l'homme est une plante hérissée d'épines qu'il faut savoir prendre pour ne pas trop s'y piquer. A Saint-Étroit les pointes sont aiguës. Ne commettez jamais l'imprudence de vous dire spirite, car Mme X ou M. Y, gens bien posés, conservateurs et solennels, auraient de vous une opinion désastreuse.

Vous passeriez aisément pour un de ces naïfs à qui on fait croire les choses les plus invraisemblables. Songez donc! S'imaginer que les morts communiquent avec les vivants! Faut-il être simple! Eh bien, oui, les Saint-Étriquais, aussi perspicaces que malins, n'ont pas tout à fait tort. Il y a des spirites naïfs, si naïfs en vérité qu'on se demande où finit leur crédulité. Le moindre craquement d'un meuble leur est un message de l'Au-delà. Ces gobe-mouches, on vous les abandonne, pourvu qu'en les raillant spirituellement, selon votre habitude, vous ne tombiez pas dans le travers de généraliser. La plupart des Saint-Étriquais ignorent, et c'est leur excuse, qu'il existe des spirites, célèbres en chimie, en physique, en mathématiques, en astronomie, qui, avant de se prononcer avec éclat sur cette question, ont pris des précautions. Il faut être soi-même naïf pour traiter dédaigneusement des hommes de cette valeur. Ce n'est certes pas une raison, parce qu'ils sont compétents, de se ranger d'emblée à leur opinion, comme s'ils étaient infaillibles; c'en est une toutefois de suspendre son jugement, jusqu'à ce qu'on ait pris la peine de s'informer. Que pensez-vous de ces savants qui parlent avec compassion d'autres savants, leurs pairs, devenus psychistes, en se faisant presque un mérite de n'avoir pas étudié la question? Messieurs, pourrait-on leur dire, si vous ignorez le psychisme, pourquoi blâmez-vous ceux qui, l'ayant approfondi, y adhèrent? En voilà de la naïveté!

Il se trouvera, nous voulons le croire, à Saint-Étroit, des gens assez magnanimes pour vous octroyer un peu de faculté judiciaire, quoique vous soyez imprégné de spiritisme ; parmi ceux-là, certains vous soupçonneront de vouloir fonder une religion nouvelle. Mon Dieu, si tel était votre désir, je ne vois pas trop ce qu'il y aurait de criminel. Notez que nous vivons dans un temps où peu d'individus se croient damnés éternellement parce qu'ils respectent la liberté de conscience. Vous êtes catholique, protestant, israélite? Vous l'êtes par conviction ou simplement par la naissance? C'est votre affaire et je me garderai de m'en offenser, de peur de produire sur mes contemporains l'impression d'un revenant du moyen âge. S'il vous plaisait de déserter l'un des cultes officiels pour en professer un autre plus adapté à vos goûts, je n'y verrais aucun inconvénient, tant que vous n'afficheriez pas la prétention de me contraindre à vous suivre. Cependant un grand nombre de spirites continuent d'aller aux offices, sachant que le curé les désapprouve. En vertu de ce principe qu'on n'a pas à s'accuser d'un acte quand on n'y voit rien de mauvais, ils restent muets sur ce sujet au confessionnal. Assurément ce n'est pas d'une logique très rigoureuse, car un parfait catholique se soumet sans réserve à son directeur. Ces inconséquences ne doivent pas nous étonner. Un homme qui fonctionnerait moralement avec l'inflexible régularité d'une machine, sans jamais user du moindre compromis, serait un phénomène si curieux qu'on irait le voir de loin. Il se heurterait constamment à des réalités dont il souffrirait beaucoup, s'il ne composait pas avec elles. Ce martyr de l'entêtement serait respectable, quoique légèrement ridicule. En existe-t-il un seul exemplaire dans notre monde compliqué ? Quoi qu'il en soit, nos insubordonnés n'aspirent pas à se passer de l'Évangile ; ils conservent pour sa morale un attachement d'autant plus vif que les enseignements du spiritisme en sont la confirmation.

Ah ! pardon, vous objecteront des Saint-Étriquais, les communications qu'on dit venir des Esprits nous arrivent, sous de faux noms, du diable. Mais, répondez-vous, elles sont parfois si belles que M. le curé, en les insérant dans un de ses prônes, sans en indiquer la provenance, serait extrêmement édifiant; on jugerait même qu'il s'est surpassé, ce jour-là. Méfiez-vous, poursuit-on ; le diable prend, pour vous tromper, une mine de bon apôtre, il est si hypocrite ! Il me console, il me relève, répliquez-vous. Il vous attire dans un traquenard, insiste-t-on. En vérité, cher lecteur, c'est à n'y rien comprendre. Vous connaissez certainement des spirites qui puisent dans cette nouvelle science la paix de l'âme et des forces contre les tentations. Quelle chose étrange ! Le diable réputé si pervers, produisant ces résultats ! Heureusement l'Église, de tout temps ennemie des nouveautés, est assez avisée pour les accueillir avec un aimable sourire, dès qu'elle le juge opportun. Il n'est pas impossible que, dans un avenir peu lointain, elle vous autorise à entrer dans la voie du spiritisme, pourvu que vous vous y laissiez conduire par elle.

En attendant, les Saint-Étriquais vous disent avec un petit air attendri : « Prenez garde, on risque, à fréquenter les Esprits, de devenir fou. » Oh! oh! voilà un mot qui donne le frisson. Ne seriez-vous pas un tantinet excité? Raisonnons froidement. Tous les novateurs, vous le savez sans doute, ont passé pour des fous portant le trouble là où régnait la tranquillité, témoins les inventeurs de la vapeur et de l'électricité dont on fit, en leur temps, des gorges chaudes, ce qui ne vous empêche guère de prendre le train express ou de courir au téléphone. Leur folie consista à avoir raison contre la foule, à pousser le char du progrès en avant, tandis que les autres tiraient en arrière. Ceux-ci, il est juste d'en convenir, mieux équilibrés, doués de sens commun, habiles à ne pas se compromettre, mènent plus adroitement leurs propres affaires. Vous les accusez d'avoir l'âme un peu médiocre, de rester dans l'ornière de la routine avec des emportements contre les prophètes qui manquent de sublimité. Ne seriez-vous pas trop exigeant? Reprochez-vous à la chauve-souris de n'avoir pas l'envergure de l'aigle? Soyez donc indulgent pour les déshérités qui ont sans doute leur utilité, quoiqu'il n'y paraisse pas toujours. Cela dit, on vous concédera que le spiritisme a ses têtes fêlées, comme il s'en trouve ailleurs, dans les arts, la politique, la science, jusque dans le commerce où on ne se pique pas en général d'idéalisme. Un individu détraqué apporte en toutes choses son détraquement. Confiez-lui une locomotive perfectionnée ; s'il provoque un déraillement, la machine en sera-t-elle moins bonne ? La vérité est que, parmi les spirites, vous verrez, si vous ouvrez les yeux, des hommes sains d'esprit, intelligents, instruits, pratiques, pas du tout exaltés, quoique profondément convaincus, et capables de conduire un raisonnement sans battre la campagne.

J'entends un Saint-Étriquais, se vantant d'avoir la foi du charbonnier, ardent partisan des peines éternelles, qui s'écrie avec une moue : « Le spiritisme professe une doctrine bien commode ! Agissez à votre guise, menez joyeuse vie ; en évoluant dans l'autre monde, vous rejoindrez les braves gens qui se seront gênés ici-bas. Ce ne sera qu'un léger retard. Quel charme de n'avoir plus à redouter l'enfer ! » Où avez-vous donc appris, austère défenseur de la morale, que le spiritisme aplanit ainsi le chemin du ciel ? On n'obtient pas le bonheur sans le mériter. Il ne suffit pas, à l'article de la mort, d'une confession accompagnée d'une absolution pour aller droit en paradis. Nos œuvres nous suivent. Si elles sont mauvaises, elles produisent des conséquences fâcheuses dont on ne se débarrasse qu'après avoir réparé ses fautes avec d'autant plus de peine qu'on a été davantage enfoncé dans le mal. Ce genre d'expiation qui consiste à devenir laborieusement meilleur pour arriver à un état plus heureux, le trouvez-vous insuffisant? Que vous faut-il alors? Un Dieu terrible, des damnés grillant sans être jamais consumés et des légions de diables acharnés à les torturer? Il est infiniment probable que vous ne vous rendez pas compte de la monstruosité d'une doctrine qui fait du Père céleste le bourreau de ses enfants par des supplices disproportionnés aux délits. Si, à Saint-Étroit, ces énormités paraissent naturelles, inutile de discuter.

On y a été dernièrement intéressé par une affiche portant en gros caractères ces mots : Les trucs du spiritisme. Il s'agissait d'un vulgaire prestidigitateur qui va dans les bons endroits dévoiler les misérables subterfuges au moyen desquels ce mystificateur abuse les crédules. Les Saint-Étriquais se sont rendus en foule à cette représentation qui n'était pourtant point gratuite, car ce chevalier du guet, loyal pourfendeur des faussaires, veut bien faire de l'apostolat, mais convenablement rétribué, comme il sied à un homme pratique. Il n'a garde d'imiter ces spirites ingénus qui, lorsqu'ils donnent des conférences, se contentent pour honoraires de la satisfaction de semer des idées. Il a donc, sur une estrade préparée selon les règles de son métier, offert aux Saint-Étriquais dont les yeux s'écarquillaient le divertissement de tables qui se trémoussaient et de fantômes qui surgissaient du plancher. Et l'on est sorti de cette séance mémorable avec la conviction triomphante que les phénomènes spirites sont des tours de passe-passe. Hâtons-nous de proclamer, pour réhabiliter Saint-Étroit, qu'il s'y est rencontré un homme de bon sens qui a tenu le raisonnement suivant : « Cet escamoteur nous a présenté un spiritisme de sa façon. Le vrai spiritisme, il ne paraît pas se douter de ce qu'il est, excellente condition pour partir en guerre avec une impressionnante assurance. Comment n'aurait-il pas du succès auprès des badauds ? Il opère devant des gens aussi ignorants que lui dont il flatte les préjugés, il s'adresse au sens commun ordinairement horripilé par les nouveautés, il reproduit par des trucs quelques faits, et les spectateurs ahuris ne réfléchissent pas qu'on peut imiter une chose sans qu'elle cesse d'être réelle. Vous avez à vous prononcer entre un amuseur et des savants. Ceux-ci attestent avec une haute compétence l'authenticité de phénomènes obtenus dans des locaux où n'existait aucun truc ; ils ont pris, pour n'être point trompés, les précautions les plus minutieuses. Vous ne pourriez accorder votre confiance au joueur de gobelets que s'il reproduisait dans les mêmes conditions, non seulement quelques phénomènes choisis par lui, mais tous. Et vous avez gobé son boniment ! Ce qui donne le mieux l'idée de l'infini, a dit je ne sais plus quel moraliste bilieux et franc, c'est la sottise humaine. » Ainsi parla ce Saint-Étriquais exemplaire. Ajoutons, pour lui rendre justice, qu'il n'a pas la sotte prétention de faire exception à la loi commune.

En voilà assez, peut-être trop, sur les indigènes de Saint-Étroit qu'il serait malséant de dauber, car ils méritent quelque pitié, à cause des excellentes qualités qui se cachent modestement sous l'épaisse couche de leurs préventions. S'ils ne contribuent pas beaucoup au progrès des idées originales, ils conservent avec piété les vieilles traditions parmi lesquelles — vous n'auriez pas la sacrilège audace de soutenir le contraire — il s'en trouve d'infiniment respectables. Certains endroits ont le caractère touchant et un peu sacré d'un musée d'archéologie. Cependant, si le spiritisme n'est pas en odeur de sainteté à Saint-Étroit, il jouit ailleurs d'une sérieuse considération. Le temps n'est plus où on se contentait d'en rire. Nous assistons à l'avènement d'un spiritualisme scientifique, établi sur des faits supranormaux qui changent nos idées sur la matière et sur la vie et affermissent notre croyance à l'Au-delà. Son succès dans l'avenir n'est pas douteux; on peut-même prédire à coup sûr qu'un moment viendra où une multitude de Saint-Étriquais s'imagineront naïvement l'avoir prévu.

Sur ce, cher lecteur, on s'incline devant vous, respectueux avec un mélange de crainte, parce que, sans être pourvu du privilège de l'infaillibilité refusé à l'espèce humaine, vous avez la majesté d'un juge dont les plus confiants redoutent le verdict. Pourquoi, direz-vous, s'exposer à ce péril, quand on a le droit de se taire? Rien de plus judicieux assurément que cette remarque. On est cependant excusable, si on se croit possesseur d'une vérité, de chercher à faire du bien en la propageant. Si on y réussit, ne serait-ce que dans une très petite mesure, on n'a pas perdu son temps; si on échoue, est-on coupable d'avoir eu une bonne intention? L'homme, surtout à cette heure de malédiction et d'effroi, s'arrête effaré devant le problème de la souffrance, toujours posé, jamais résolu. Il ne lui reste, dans le désastre de ses affections et dans le trouble de sa foi, qu'une ressource, celle de compter sur un monde supérieur où les disparus nous attendent, où nos facultés plus développées triompheront de difficultés maintenant insurmontables. Une science qui nous permet d'entretenir cette espérance est incontestablement bienfaisante et ceux qui la préconisent n'ont aucun motif sérieux, quelle que soit leur faiblesse, de s'en repentir.

SOUFFRIR, REVIVRE

CHAPITRE PREMIER

LA RECHERCHE DU BONHEUR

Qu'il est difficile de se replier sur soi-même pour assister au spectacle de sa vie intérieure ! Essayez de concentrer votre attention sur les divers états de votre âme, vous aurez bien de la peine à les distinguer ; vous les verrez d'abord comme dans un brouillard et c'est avec lenteur que vous ferez de l'ordre et de la clarté dans cette confusion, si toutefois vous avez la faculté peu commune de l'observation. La plupart des hommes vivent dans une singulière ignorance de leur moi, comme s'ils en étaient à une distance infinie.

Il y a cependant des faits dont la constatation n'exige pas grande réflexion. Vous êtes assurément peu de chose dans l'univers. Quoique très infime, vous avez à vos yeux une réelle importance, celle d'une personne soignée avec minutie, sinon toujours d'une manière intelligente. L'homme, doué de raison en tenant beaucoup de l'animal, a des besoins variés auxquels il ne peut se soustraire que par la mort.

Cet individu complexe que vous êtes, il faut lui donner la nourriture qui rend possibles les plus hautes fonctions de l'esprit, car on a beau être épris de spiritualité, si on ne mangeait pas, on ne penserait plus. Vous ne sauriez vous passer de vêtements, soit pour vous préserver contre les rigueurs de la température, soit pour observer les convenances dans un pays non sauvage. Il serait pénible de loger à la belle étoile ; une habitation est donc indispensable avec un certain confort. La bête qui est en vous réclame des satisfactions, quelquefois si impérieusement que l'âme est subjuguée avant qu'elle ait songé à prendre le commandement.

Celle-ci, à moins qu'elle n'abdique honteusement, réclame sa part. En vous élevant au-dessus de la brute, vous contractez des besoins par lesquels vous montez à la dignité d'homme, le besoin de vous instruire, celui de vous procurer les jouissances de l'art, et surtout celui de perfectionner votre caractère.

Songez maintenant à l'emploi de votre temps. Vous n'appartenez pas, on vous fait l'honneur de le supposer, à l'espèce des oisifs qui ne produisent rien d'utile. La plus grande partie de votre vie est consacrée à la poursuite des moyens de vivre. Peut-être n'avez-vous pas à vous préoccuper de la nourriture, du vêtement et du logement, parce que vos vos parents vous en ont épargné le souci. Vous profitez des loisirs que vous procure la fortune pour vous livrer à des travaux intellectuels, sinon vous seriez dévoré par l'ennui, ou, pour éviter cette souffrance, vous demanderiez à la dissipation des divertissements.

Vous êtes, comme tous vos semblables, en quête du bonheur par la satisfaction de besoins naturels ou factices qui varient avec les individus. Tel est à peu près content dans une condition où tel autre s'estimerait fort à plaindre. Vous avez un hôtel somptueux, de nombreux serviteurs, la facilité de voyager et un cortège de flatteurs qui vous entretiennent dans une excellente opinion de votre personne. Au sein de cette opulence qu'on vous envie, votre visage est soucieux, tandis que, dans le voisinage, vivent relativement heureux des prolétaires dont le pain quotidien est à la merci d'un chômage ou d'une maladie. Si on vous soumettait, pendant vingt-quatre heures seulement, à leur régime, vous rougiriez de vos inquiétudes qui, comparées avec leur dénuement, ne méritent guère qu'on s'en attriste; mais vous ne vous arrêtez pas à ce détail et l'habitude de la prospérité vous empêche presque d'en apprécier les charmes. L'indigent se dit que, s'il était mis subitement en possession de vos biens, il éprouverait des sensations délicieuses. Le moraliste, en souhaitant que vous deveniez plus reconnaissant envers la destinée, ne nie pas vos misères inséparables de la nature humaine.

Le bonheur réside en partie dans ce que l'on a; il dépend principalement de ce que l'on est; nul, quelles que soient ses dispositions, ne peut se flatter de le posséder sans mélange. Les uns ont une tendance à voir surtout le bien et ce ne sont pas toujours les plus favorisés du sort; d'autres, parmi les plus fortunés, ont le parti pris d'insister particulièrement sur le mal. La sagesse consiste à rester dans une juste mesure, sans être dupe d'aucun système, pour ne pas ressembler à ces gens qui pensent d'une manière et sentent d'une autre, soutenant en principe que la vie est bonne et s'exprimant sur le ton de quelqu'un autorisé à la juger mauvaise. Il s'agit d'être d'accord avec soi-même, mérite plus rare qu'on ne pense.

Quel que soit votre optimisme, vous reconnaissez que l'homme, dans sa poursuite du bonheur, se heurte à une multitude d'obstacles qui lui en rendent l'acquisition difficile et la possession incertaine. Il serait pourtant rationnel que, né pour accomplir une destinée conforme à ses aptitudes, on allât à son but, sans avoir d'autre empêchement qu'une conduite coupable. Or la répartition des biens et des maux ne se règle pas toujours sur le mérite des individus. Il en est dont la prospérité vous offusque, parce qu'elle a été acquise malhonnêtement, tandis que d'autres, avec autant d'intelligence et beaucoup plus de moralité, ne réussissent presque jamais dans leurs entreprises. Notre monde, il faut en convenir, déconcerte le penseur ami de l'ordre.

Quelles sont vos impressions dans les moments en somme assez rares où vous jouissez d'une vraie félicité? Rien de ce qui vous semble essentiel ne vous manque. Il y a dans tout votre être, physique et moral, une belle et douce harmonie comme dans un morceau de musique magistralement conçu et habilement exécuté où ne se glisse aucune fausse note. Cette harmonie, que vous prolongeriez volontiers indéfiniment, est souvent remplacée, ou par un air monotone et vulgaire, ou, dans l'adversité, par un bruit discordant dont vous aspirez à vous affranchir le plus promptement possible, à moins que, sous l'empire d'une croyance religieuse, vous ne préfériez souffrir ici-bas pour vous préparer plus de bonheur dans une autre vie.

Quoi qu'il en soit, vous êtes en butte à des misères si variées qu'il faudrait pour en tracer un tableau complet, vous suivre dans toutes les phases de votre existence, car il n'y a pas une seule de vos jouissances qui ne puisse, par un revirement subit du sort, devenir une source de douleurs. Ayons le courage de voir la réalité sans être aveuglés par un système ou par notre imagination. Ce sera peut-être le moyen d'aboutir à une conclusion réconfortante.

CHAPITRE II

LA CRUAUTÉ DE LA NATURE

Qu'il fait bon vivre aujourd'hui ! Après les maussaderies de l'hiver, le jeune avril couronné de verdure nous sourit dans des rayons de soleil. Fuyons la ville, allons à la campagne, l'espace est en fête, il s'emplit du chant des oiseaux et du bourdonnement des insectes sous un ciel admirablement pur. Vous vous égarez dans les sentiers fleuris, ivre d'harmonie, l'âme et le corps légers, bénissant Dieu que tout proclame. La joie dont vous êtes pénétré s'épand sur la nature entière que vous supposez heureuse comme vous.

Pendant cette sorte d'extase, vous apercevez un épervier planant à une certaine hauteur. L'oiseau de proie, les ailes largement éployées, vogue dans l'immensité avec une lenteur grave. Tout à coup, rapide comme une flèche, il fond sur un rossignol qui chantait sous la feuillée. Immédiatement le monde change d'aspect à vos yeux. Au cantique succèdent les réflexions amères.

Étrange vie d'ici-bas! Cette nature tant admirée est un champ de bataille où sévit inflexible la loi du plus fort. Les bêtes sont à la poursuite les unes des autres dans l'air, sur la terre, au fond des mers. La mouche s'attaque à l'homme, l'hirondelle happe la mouche et le vautour déchire l'hirondelle. Pourquoi ces êtres ne peuvent-ils pas vivre sans tuer? A quoi servent ces douleurs dans un univers dont on exalte justement la magnifique ordonnance? Accuserai-je le vautour né carnivore?

Et moi-même, n'en suis-je pas un? En sortant du culte où j'ai prié tendrement, je mange sans remords des morceaux de cadavre préparés avec art. Dans la banlieue se trouve un local plein de mugissements; on y égorge des animaux dont on étale ensuite les membres déchiquetés. Il me répugnerait d'exercer la profession des gens qui opèrent à l'abattoir; ai-je songé à la rendre inutile, en me nourrissant exclusivement de végétaux ? Je contribue donc pour ma part à augmenter le nombre des souffrances, je le fais souvent sans m'en apercevoir. J'écrase sur mon passage une foule d'insectes qui, doués de sensibilité, ont sans doute des impressions pénibles, quoiqu'ils soient incapables de les exprimer. Je ne puis pourtant pas me condamner à ne sortir jamais de ma demeure.

La nature ne me donne pas l'exemple de la mansuétude. Quelle infinie variété de maux ! Il n'y a pas un seul de mes organes qui ne soit l'occasion de peines ayant chacune son caractère spécial. Mon corps, qui occupe si peu de place dans l'univers, devient, par la multiplicité des épreuves, une scène où se jouent les drames de la souffrance avec les péripéties les plus émouvantes. Quand une pièce est finie, on n'y pense plus, grâce à la faculté d'oubli ; mais nous sommes toujours sous la menace d'une autre et celui qui aurait une vue nette de sa condition vivrait continuellement dans la crainte.

N'est-il pas étonnant que ce soleil, auquel nous devons de douces sensations et la fécondité de la terre, notre nourrice, nous envoie parfois ou trop de chaleur ou pas assez, de manière à compromettre notre santé? Certes, cette nature célébrée par les poètes nous prodigue ses fruits, et il y en a de si exquis! Mais qu'elle fait payer cher ses largesses! Il faut les mériter par un dur labeur. Souvent, quand je crois tenir la récompense de mes peines, la grêle détruit en un instant ma récolte. D'autres fois, c'est l'humidité, ou la sécheresse, ou les insectes, ou un cyclone. Que penser des famines et des inondations?

Je vis donc, avec un organisme fragile, au milieu d'ennemis conjurés contre moi. Je suis entouré de personnes si aimées que volontiers je sacrifierais ma vie pour prolonger la la leur. Mais, sous des apparences de santé, la maladie travaille en elles, sournoisement, jusqu'au moment où, le danger devenant visible, j'entrevois avec terreur le dénouement. Qu'il est triste d'assister au déclin d'une mère, d'une épouse, d'un enfant! Tantôt on s'accroche, contre toute vraisemblance, à l'espoir d'une amélioration; tantôt on a l'âme traversée par des pressentiments qui la dévastent. La nature frappe comme une aveugle. Elle laisse debout, dans l'insolence de la prospérité, des individus nuisibles que personne ne regretterait et elle en tue d'autres, indispensables à leur famille ou bienfaisants pour la société, dont la perte provoque une protestation contre les injustices du sort.

Mon tour viendra bientôt. Je suis apparu, il y a quelques années, sur la terre, dans une crise où la vie des mères est menacée. J'ai grandi en passant par des périodes pénibles, et, après une jeunesse rapide pendant laquelle la vie me souriait, j'ai atteint la vieillesse dolente. La machine ne fonctionne plus avec l'aisance d'autrefois, les rouages grincent, on est lourd, affaissé, et la perspective du prochain départ vous donne des frissons.

Triste privilège! L'animal, avec son âme obscure, ne dépassant pas le moment présent, insoucieux de l'avenir qu'il prépare sous la poussée de l'instinct, sans être ému par l'incertitude du lendemain, ne redoute pas la mort qu'il ignore. Moi, je sais qu'elle m'attend. Je vois sans cesse des compagnons d'infortune, jeunes ou vieux, tomber à mes côtés, et ces disparitions me sont des avertissements. Heureusement j'aperçois la destinée des autres sans songer trop à la mienne. J'assiste à un enterrement comme à un spectacle et les accords d'une musique funèbre me procurent une tristesse mêlée de satisfaction. Dans la maladie, il m'arrive de parler de la mort; mais cela ne prouve pas que j'en ai un sentiment très vif. Jusque dans la décrépitude, je conserve l'illusion de durer indéfiniment. On dirait une singulière impuissance de distinguer avec netteté ce qui crève les yeux. En ce moment, je devrais, semble-t-il, être fort impressionné en pensant à ma fragilité; en réalité elle m'apparaît vaguement et la clarté de l'expression, qui dénote celle de l'idée, ne prouve pas du tout la lucidité de l'imagination. Je cause de ce sujet lugubre avec la curiosité d'un moraliste assez détaché. Dans quelques instants peut-être mon dilettantisme d'observateur fera place à l'épouvantement.

Je suis là, tranquillement installé à ma table de travail, au milieu de livres que j'aime, pendant que ma plume va, tantôt lente, tantôt agile, sur la page blanche qu'elle noircit. Dans peu de temps, on m'accompagnera au cimetière. Ce corps si dorloté se décomposera dans la nuit du sépulcre et, de ce que j'aurai été à la surface du sol, il ne restera rien, pas même un souvenir, au bout de quelques années. Mais, avant d'atteindre le dernier acte du drame tragi-comique, à quoi ne suis-je pas exposé! Je ne passerai pas de vie à trépas sans souffrir beaucoup, à moins que je ne meure de mort subite, ce qui serait un avantage, malgré le préjugé courant. Je sais qu'avec ma sensibilité d'homme plus aiguë que celle de la brute, j'éprouverai, dans les tortures de la maladie, les révoltes de la victime prise au piège; je sais que probablement je n'aurai pas, à mon heure dernière, la douceur de contempler le visage de tous les miens; je le sais et je retombe affaissé sur moi-même dans ce mélancolique pressentiment. Je me vois du dehors, à une certaine distance, comme s'il s'agissait d'un étranger. Que sera-ce, lorsque je serai directement aux prises avec l'ennemi, dans l'effarement de la défaite, au milieu des ruines de ma destinée, devant le mur de l'inconnu? Alors je ne ferai pas de mon désastre un sujet d'observation ; je n'y trouverai pas matière à divertissement; ce sera on ne peut plus sérieux.

Me parlerez-vous de ceux qui meurent stoïquement, dans une belle sérénité ? Qu'ils sont peu nombreux ! Dépendra-t-il de ma volonté que je déloge avec cette grandeur? Quelle que soit la préparation de toute une existence consacrée à la méditation, est-on sûr que, sous l'empire de la souffrance, l'âme conservera son équilibre? Les témoins de votre fin critiqueront peut-être vos défaillances qui ne s'accorderont pas avec la fermeté de vos principes : on verra leur sublimité, quand ils auront à franchir ce passage.

Tel est le décret de la Nature inexorable. Elle se conduit parfois à notre égard avec la tendresse d'une mère, et puis, tout à coup, elle s'acharne contre nous avec des raffinements de cruauté.

CHAPITRE III

LES DIFFICULTÉS DE L'EXISTENCE

Tout arrive, disait quelqu'un ; il est donc possible que, désenchanté des hommes, vous vous soyez confiné dans la solitude, comme si vous ne trouviez pas de meilleure compagnie pour vous que vous-même. Les railleurs vous comparent à un ours ; des amis vous prennent avec indulgence pour un sage désabusé ; quelques-uns prétendent que vous seriez plus digne de considération, si vous étiez resté dans la mêlée pour y rendre des services à vos semblables, sans trop compter toutefois sur la reconnaisssnce, afin de ne pas vous exposer à des déceptions.

Quels que soient les motifs de votre misanthropie qui, poussée trop loin, deviendrait une maladie, vous ne sauriez méconnaître les avantages de la société. Qu'adviendrait-il si tous les hommes vous imitaient ? Ce serait le retour à l'état primitif. Mais il est plus raisonnable de supposer que vous êtes éminemment sociable. En vous affranchissant volontiers de l'esclavage de l'étiquette, vous aimez de frayer avec le prochain, eût-il une conversation languissante. La compagnie d'un muet vous procurerait, faute de mieux, de la satisfaction.

C'est grâce à l'instinct de sociabilité que l'humanité a progressé. En même temps que nous échappons aux tourments de l'ennui, nous nous complétons réciproquement, et, dans le monde savant, les inventions des uns deviennent la source de nouvelles découvertes par d'autres. Des hommes séparés par des siècles ou par la nationalité sont unis par la solidarité des idées. Nous ne serions certainement pas ce que nous sommes, si les génies de la Grèce, de Rome et de la Judée n'avaient pas produit leurs chefs-d'œuvre dans les divers domaines de l'art, de la philosophie, de la politique ou de la religion.

Songez aussi aux vertus dont la société vous fournit l'occasion. A quoi se réduirait votre moralité, si vous aviez toujours vécu seul? En admettant que vous ne fussiez pas devenu un sauvage, vous seriez un contemplatif peu méritant. Toute société, fût-elle des plus rudimentaires, repose sur un contrat tacite dont la sagesse universelle a fixé la formule dans la maxime bien connue : « Ne faites pas aux autres ce que vous ne voulez pas qu'ils vous fassent. » Voilà le fondement de la justice. Allez dans n'importe quelle tribu du centre de l'Afrique, vous constaterez que ces indigènes, qui mangent la chair de prisonniers capturés dans les tribus voisines, se sentent moralement obligés, dans les limites de leur propre tribu, de respecter le droit de leur prochain. Civilisé, il faut du moins le croire, vous vous êtes élevé à la notion d'humanité. Il ne vous suffit pas d'être inoffensif ; vous voulez être bienfaisant, dussiez-vous n'en tirer aucun profit. Pratiquez avec persévérance cette vertu du désintéressement, vous prenez rang parmi les saints. Le saint existerait-il sans la société? Bénissons-la, puisqu'elle sert à notre perfectionnement.

Ne versons pas néanmoins dans un optimisme enfantin et sachons la voir sous ses divers aspects. Je m'adresse à votre conscience d'honnête-homme généralement estimé. Il y a sans doute près de vous des gens qui, rendus très perspicaces par l'antipathie, découvrent dans votre caractère des lacunes inaperçues de vos amis; ils vont même, quelle pitié! jusqu'à vous attribuer des méfaits dont vous êtes certainement innocent. Vous devez vous estimer heureux de ce que le public plus équitable prendrait votre défense, dans le cas où la calomnie s'attaquerait à vous trop ouvertement. Fort de votre réputation, direz-vous que vous n'avez rien à vous reprocher?

Je vous invite à fixer votre attention sur l'égoïsme d'où découlent toutes les misères de la vie sociale. Vous tenez à vos intérêts avec une rigueur que la moindre opposition changerait aisément en hostilité. Dans votre ardeur à défendre vos droits, ne vous arrive-t-il pas d'empiéter sur le terrain d'autrui? Vous voudriez attirer à vous le plus possible d'avantages dans un monde où les concurrents sont aussi acharnés que nombreux. Les hommes vivent à l'état de guerre, même lorsqu'ils préconisent la paix, comme s'ils avaient constamment à se prémunir contre des attaques.

LES DIFFICULTÉS DE L'EXISTENCE

Vous avez commencé la lutte dès le berceau. Qu'un nourrisson se trouve à côté d'un autre ayant un joujou, il se l'appropriera naïvement et, si on le force à le restituer, il poussera des cris, persuadé, autant qu'on peut l'être à cet âge d'inconscience, qu'il est victime d'une méchanceté. Il ne diffère guère du moineau qui ravit à un autre moineau le grain que celui-ci était sur le point de becqueter. Vous fûtes d'abord un animal assez capricieux et, soit dit sans la moindre intention de vous froisser, il reste en vous, quoique raisonnable, quelque chose de la bête. Il y a même des gens chez qui la bête semble dominer.

De bonne heure vous avez fréquenté l'école. Ne vous êtes-vous jamais battu avec des camarades ? Il vous est peut-être arrivé de tricher au jeu, à moins que vous ne fussiez, chose assez rare, un enfant modèle. Vos défauts paraissaient moins choquants que maintenant, parce qu'on vous jugeait encore peu responsable et que d'ailleurs ils étaient enveloppés dans la grâce de cet âge depuis longtemps disparue ; déjà vous manifestiez des germes de ruse, de violence et de dissimulation qui, se développant dans la société, la rendent parfois si laide. N'avez-vous pas souvent contrarié vos parents par des désobéissances? Vous les rendiez malheureux tout en les aimant. Et vos maîtres, vous souvient-il des tours que vous leur jouâtes avec des malices de singe? Ceux d'entre eux qui ne savaient pas maintenir l'ordre étaient de véritables suppliciés dont les tourments, au lieu de vous émouvoir, augmentaient votre plaisir, malgré la menace des punitions.

Dès ce moment, la dure loi du travail pesait sur vous. Oh! les longues heures passées à la recherche de la solution d'un problème ou du sens d'un texte, tandis que les oiseaux célébraient le printemps et que le soleil de mai invitait aux jeux! Et l'approche des examens sur lesquels planait le spectre de la chance avec la face rébarbative d'un professeur disposant de votre avenir! Et, en attendant l'épreuve redoutable, ce programme où s'entassent des monceaux de questions à étudier! Quels frissons!

Cependant vous voilà, après bien des peines, sur le seuil d'une carrière. Nouveaux soucis! Assurément la jeunesse aplanit les difficultés; mais, plus d'une fois, vous avez senti la terreur de l'incertitude passer dans votre âme.

Comment parvenir à se caser convenablement au milieu de la cohue des concurrents? Les individus nés avec des rentes ne se doutent pas des anxiétés que provoque, dans l'encombrement, la nécessité de gagner son pain.

Enfin vous êtes établi! C'est une victoire. Avez-vous désormais la paix? D'autres inquiétudes surgissent. Commerçant ou fonctionnaire, il s'agit de réussir. Les affaires traînent, l'avancement est lent. Vous voyez des rivaux dont la prospérité vous affecte d'autant plus que vous pouvez, sans vanité, vous rendre le témoignage de ne leur être inférieur ni par l'intelligence ni par l'application. Plus sage, vous seriez moins aigri, car vous penseriez à ce que vous avez et que d'autres, très recommandables, n'ont pas. L'envie, hélas! avec ses rongements, semble être un des éléments de l'émulation. Il n'est pas impossible que, dans un succès exceptionnel, vous soyez dévoré par des ambitions qui vous empêchent de goûter votre bonheur.

Possédant désormais des moyens d'existence, vous désirez fonder une famille. Grave détermination. Vous avez rencontré une personne qui vous inspire une sérieuse affection. Dans l'exaltation de vos sentiments, vous l'idéalisez ; vous seriez si heureux d'unir votre destinée à la sienne ! Vous vous heurtez à des obstacles qui attisent le feu de votre passion, en aggravant le mal d'amour. L'être adoré répond-il à vos vœux ? S'il a calmé d'un regard favorable l'angoisse de votre cœur, n'y aura-t-il pas à vaincre la résistance des parents ? Ne faudra-t-il pas suivre la voie douloureuse où l'âme torturée s'agite en des alternatives d'espérance et de désespoir ? Après des péripéties dont vous avez beaucoup souffert, vous obtenez le mot décisif. Quelle inondation de joie ! Mais peut-être n'êtes-vous appelé à connaître ni ces abattements ni ce triomphe. Les choses se passent plus uniment. Quelqu'un imagine que vous êtes un parti sortable et pense à une personne qui, par l'âge, la naissance, la fortune pourrait vous convenir. On vous en parle, vous ne dites pas non. On ménage adroitement une entrevue où il n'y a de part et d'autre aucun engagement. La jeune personne vous plaît : vous ne lui déplaisez pas. Les parents s'informent de votre situation, les renseignements sont satisfaisants, vous êtes accepté. Vous faites un certain nombre de visites à votre fiancée qui, plusieurs mois après, devient votre femme. Un mariage de raison peut se transformer en un mariage d'amour, parce que, dans cette loterie, on a eu l'heureuse chance de rencontrer un associé dont le caractère s'accorde avec le vôtre, tandis que des mariages de pure inclination réussissent quelquefois moins bien, l'enivrement des débuts étant suivi de pénibles désenchantements.

L'enfant arrive. Son sourire éclaire la maison. Le père et la mère, tendrement penchés sur son berceau, ne vivent que pour lui. On songe déjà à son avenir pour lui préparer, si c'est possible, des avantages qu'on n'a pas eus soi-même. Il grandit, vous vous délectez de ses progrès physiques et les moindres promesses de son intelligence mettent en travail votre imagination qui en fait aisément des merveilles. Est-il malade ? Vous êtes effaré. S'il meurt, vous restez comme l'épave d'un grand naufrage. Le foyer dévasté n'est plus qu'un désert où se dresse le fantôme du disparu dont la pensée vous suit partout. La destinée bienveillante vous épargne-t-elle cette épreuve ? Avez-vous le bonheur de conserver vos enfants ? Tant qu'ils sont petits, ils ne vous quittent pas, vous jouissez pleinement d'eux. Insensiblement le lien tend à se relâcher, ils prennent leur essor, ils rêvent l'indépendance. Le rejeton aspire à se séparer du tronc d'où il est sorti. Ils fondent à leur tour une famille, peut-être loin de vous. Vous les revoyez, pendant quelques jours, tous les ans, si vous êtes parmi les privilégiés, ei, lorsque vous allez chez eux, vous vous sentez relégué, quoique affectionné et respecté, un peu au second plan, ce dont vous n'avez pas le droit de vous étonner, puisque telle est la loi de nature. Mais, avant qu'ils soient établis, que de préoccupations, surtout si, comme c'est ordinairement le cas, ils ne sont pas de ces sujets exceptionnels dont le destin s'organise sans difficultés!

Aux chagrins domestiques s'ajoutent ceux qu'engendrent parfois les relations sociales. Certes la compagnie de vos semblables vous procure tant d'agréments que vous ne pourriez pas, sans souffrir, vous en passer; néanmoins que de conflits souvent mesquins dont l'existence est empoisonnée, parce qu'on n'a pas assez de bon sens pour en effacer la trace par un oubli généreux!

A moins que votre âme ne soit presque vide, vous avez, à part vos affections de famille et l'exercice de votre profession, d'autres intérêts. Membre d'une Église, vous êtes enrôlé dans un parti religieux, n'eussiez-vous pas la ferveur d'un croyant, ce qui vous met en état d'hostilité contre les adeptes d'un autre culte. Qui dira tout le mal causé par les guerres de religion ? N'y a-t-il pas encore des fanatiques toujours prêts à les ranimer, comme s'il était impossible d'honorer le Dieu d'amour sans détester des frères dissidents ? Quoique le crime d'hérésie ait disparu de notre code, les préventions nées des variétés de la foi sont assez vivaces pour que vos rapports de voisinage ou de parenté, votre commerce, votre considération même en souffrent dans bien des cas.

Vous vous passionnez probablement davantage pour les questions politiques. Sur ce terrain, le spectacle est des plus attristants. Lisez certains journaux, surtout les feuilles locales où les polémiques s'aiguisent comme des poignards sur la pierre des animosités personnelles : ce sont des articles salis par des injures. Tous les moyens sont bons pourvu qu'ils soient efficaces : le mensonge, la calomnie, l'insinuation plus perfide que l'outrage direct, puisqu'elle laisse aux suppositions malveillantes un champ illimité. Cette besogne malpropre est ordinairement faite par des mercenaires de la plume dont un parti se sert, sans les estimer, et qui seraient capables, pour un salaire moins modique, de porter dans un journal opposé leur misérable industrie. Des politiciens madrés invoquent, pour monter au pouvoir, des principes dont ils se moquent intérieurement, en prenant, dans l'ardeur de la lutte, un air de sincérité qui impressionne la foule des naïfs. Croyez-vous qu'il soit facile à un homme entré dans la politique d'y conserver, s'il est honnête, son indépendance, au milieu de compétitions qui l'inclinent à des compromis, pour ne pas être supplanté par de moins scrupuleux? Le vilain bourbier, et comme il est naturel que les âmes hautement situées hésitent à y souiller leurs ailes, malgré les services qu'elles pourraient rendre!

Dans la mêlée des opinions, se dresse toujours menaçante la question sociale. Le peuple souverain veut améliorer sa condition; les amis de la justice ne s'en offusquent pas; les privilégiés de la fortune auraient une tendance à ajourner les réformes indéfiniment; les prolétaires, aigris par une attente que le sentiment du droit rend très pénible, aspirent à la révolution. Les haines de classes s'exaspèrent. Le bourgeois, confiné dans son égoïsme où la peur le trouble, ne voit dans les ouvriers que des révoltés qui ne réclameraient pas, s'ils avaient plus de moralité ; l'ouvrier, devenu parfois trop frondeur depuis qu'il raisonne davantage, ne se reconnaît plus des supérieurs, et, grisé par le rêve du nivellement, demande à l'État des bienfaits qu'il devrait surtout chercher dans la coopération. L'édifice de la société semble bâti sur un sol sous lequel bouillonne un volcan prêt à s'échapper par quelque fissure. La crainte d'un bouleversement plane sur cette discorde. Tandis que les uns fondent sur la destruction de l'ordre établi l'espérance d'un bien-être universel, d'autres appellent de leurs vœux un despote ramenant par des moyens violents la sécurité. et la pauvre humanité, ballottée entre la dictature et la révolution, avec des haltes dans la liberté, s'agite constamment à la poursuite d'un bonheur qui la fuit.

Et comme si ce n'était pas assez de tous ces maux, elle y joint encore ceux qu'engendre la guerre.

CHAPITRE IV

LES DÉSHÉRITÉS

Sur le champ de bataille de la destinée, nous sommes tous des blessés. Nul, même le plus heureux, ne peut se flatter dans l'âge mûr d'avoir réalisé tous les rêves de sa jeunesse. Vous connaissez cependant des infortunés dont la condition est beaucoup plus digne de pitié que la vôtre. Avec votre malheur ils se constitueraient une existence agréable. Considérez ceux qui sont comme les épaves de la société, l'hospitalisé, le failli, le prisonnier, l'aliéné.

Voulez-vous que nous fassions une visite dans divers établissements de la ville ? Nous voici à l'hôpital où nous voyons toutes sortes de gens, des enfants abandonnés qui n'auront pas connu les caresses d'une mère, des malades atteints d'infirmités précoces auxquels sont refusées toutes les joies de la vie à un âge où on les désire avec le plus d'ardeur, des vieillards qui n'ont pu sur un modeste salaire réaliser assez d'économies pour se faire une retraite, des pauvres tombés de l'opulence dans le dénuement. Tous sont venus s'échouer, comme des débris de naufrage, dans cet asile de la misère. Beaucoup y sont oubliés par des parents qui rougissent d'eux, en ne se privant de rien. Ils sont, non pas déshonorés, mais amoindris et, en un sens, esclaves. Ils ne peuvent sortir qu'à certains jours. Quand ils ne quitteront plus leur lit, ils recevront peut-être la visite d'amis qui, en s'en allant, les laisseront plus isolés au milieu d'indifférents. Aux approches de l'agonie, nul ne s'intéressera à eux. Leur râle ne provoquera guère que l'impatience des voisins à qui il tardera qu'ils expirent, pour être débarrassés de cette importunité. Ils seront déchiquetés sur une table d'anatomie par des carabins rieurs et on jettera leurs restes dans un coin de cimetière où leur place anonyme sera marquée par un poteau avec un chiffre, en attendant qu'on juge possible de creuser, au même endroit, une nouvelle fosse pour y enfouir un autre misérable.

De l'hôpital rendons-nous au tribunal de commerce. Assistons à une réunion de créanciers. Un homme dispute quelques miettes de son honneur à d'autres hommes lésés par lui. Il a déposé naguère son bilan. Que d'angoisses avant d'en venir à cette extrémité ! Que de fois il s'est tordu de douleur sur sa couche pendant les interminables nuits d'insomnie ! Déjà, depuis des mois, le bruit courait qu'il était mal dans ses affaires. On se le disait d'abord à voix basse, en recommandant le secret, ce qui était un moyen de divulguer la nouvelle. Il ne se doutait pas qu'on parlait de ses embarras, et, dans l'espoir de tromper le public, pour ne pas perdre son crédit, il continuait de vivre largement, avec le sentiment amer, sous le luxe étalé, que l'échéance fatale était suspendue sur sa tête par un fil si ténu qu'il devait casser d'un moment à l'autre. Il marchait vers le gouffre, les yeux détournés pour ne pas le voir, mettant sur son visage le sourire de la sécurité, afin qu'on ne devinât pas le drame intérieur. Il faut enfin s'avouer vaincu. Un premier créancier est impayé. D'autres arrivent en hâte. L'huissier fait sa sinistre apparition. La faillite! On le considérait ; sauf quelques amis restés fidèles, au moins pour un peu de temps, c'est à qui le critiquera maintenant avec le plus de dureté. On épluche son passé, on rappelle ses dépenses, les moindres détails deviennent des motifs de réprobation. Descendu au rang des pauvres, il n'est plus reconnu dans la rue par des personnes qui s'étaient fait un mérite de son amitié. Certains, animés de meilleurs sentiments, osent à peine se rendre chez lui, craignant de l'humilier. Il se sent étranger dans sa maison où rien ne lui appartient désormais. Que va-t-il devenir? Comment nourrira-t-il sa femme et ses enfants? Toutes les misères se sont donné rendez-vous sous son toit maudit, le déshonneur, la honte, l'horrible incertitude du lendemain et, qui sait? la discorde, car, au fond de l'abîme, on se rend quelquefois réciproquement responsables. S'il lui reste, dans la ruine, un peu de dignité, parce qu'il lui répugne de s'humilier, on le charge avec plus d'aigreur. Le voilà donc, la mine basse, en quête d'un gagne-pain, obligé de recommencer dans les conditions les plus désavantageuses l'âpre lutte pour l'existence.

Laissons-le dans sa détresse, en lui accordant notre pitié, pour ne pas ressembler au vulgaire, et entrons dans la prison, ce cimetière des réputations, où la société relègue comme des rebuts des individus nuisibles. Les uns, criminels endurcis, ont perdu l'honneur, sans en éprouver le moindre regret ; l'opprobre est une atmosphère dans laquelle ils respirent librement. D'autres, susceptibles de s'amender, souffrent cruellement de leur déchéance. Loin de nous l'intention d'assimiler tous les malfaiteurs à des malades ; il faudrait nier le libre arbitre. Cependant ne les jugeons pas avec une rigueur implacable, en songeant à la fragilité de notre vertu. Combien n'y en a-t-il pas à qui il n'a manqué, pour être honnêtes, que d'avoir reçu une meilleure éducation ? Que d'autres chez qui un observateur attentif découvrirait une tare héréditaire, un germe d'aliénation mentale assez développé pour les engager dans la voie du crime, pas assez évident pour qu'on les classe dans la catégorie des fous ! La société a le droit de se défendre contre ces réfractaires ; le moraliste a le devoir de les plaindre, dans l'impossibilité où l'on est, faute de lumières, de les juger avec une parfaite équité. Et puis ne tiendrons-nous pas compte des erreurs commises par les tribunaux ? Les magistrats, faillibles comme tous les hommes, ont leurs passions, leurs préjugés, une âme variable, de sorte que le même prévenu, apprécié par des juges différents, pourrait être différemment condamné, s'il n'était pas acquitté. Quoi qu'il en soit, dans les cellules de cette maison silencieuse comme une tombe, vivent, dévorés par le chagrin, des êtres, nos frères, pour qui nous aurions un peu de compassion, si nous pensions à l'énorme quantité de coquins se prélassant dans un bien-être mal acquis, au milieu de la considération dont on entoure ordinairement les gens heureux. Pendant qu'ils comptent les jours qui s'écoulent avec une lenteur funèbre, leurs parents, atteints par la solidarité, sont consumés par la honte, ils osent à peine se montrer.

Visitons maintenant l'asile d'aliénés. Vous représentez-vous tous ces malheureux avec une intelligence complètement éteinte, ne sachant même pas dans quel établissement ils sont enfermés, et si dangereux qu'on ne saurait prendre contre eux trop de précautions ? En réalité rien de plus imprécis que la limite séparant la raison de la folie ; on va de l'une à l'autre par une série de nuances qui se fondent ensemble, et, si les extrêmes contrastent violemment, il est difficile, au point de jonction, d'établir la différence. Les gens les plus sensés ont des moments d'aliénation mentale, lorsqu'ils sont dominés par une passion, et des fous, aux heures de lucidité, reviennent à l'état normal. Certains raisonnent solidement ; vous pourriez causer longtemps avec eux, étonné de les voir en ce lieu, quand tout à coup surgit l'idée fausse qui atteste la rupture de l'équilibre. D'autres, totalement abêtis, ne font que végéter. Vous les voyez tranquillement assis sur leur banc, l'esprit vide, isolés aux côtés de leurs compagnons, ne se ranimant un peu qu'au moment des repas où se produit un réveil de la sensibilité. Ceux-là ne sont pas les plus à plaindre, parce que, dans leur état d'inconscience, ils ignorent les souffrances physiques. Parmi ceux dont l'intelligence est restée active, quoique détraquée, quelques-uns, doués d'un tempérament facile, se sont tellement adaptés à leur condition qu'il ne paraissent pas souhaiter un changement. Mais combien se démènent dans la douleur ! Arrêtons-nous devant cet agité qui va, le regard fixe, comme s'il avait l'esprit constamment rivé à une même idée. Il est solitaire dans la foule de ses semblables, car généralement le fou, ne croyant pas à sa folie, voit celle des autres et il n'aime guère de frayer avec eux. Il est d'ailleurs, celui-là, si absorbé par son mal qu'il n'a de goût pour aucune distraction. Il n'aperçoit, dans la cour aux murs très hauts, qu'un coin de ciel traversé par des oiseaux lui faisant envie. Il songe à sa liberté perdue, à sa destinée ravagée, à son avenir obscur, sans l'espérance qui soutient, entouré d'étrangers dont aucun ne s'intéresse à sa misère. Le prisonnier voit arriver chaque jour la fin de sa peine et si, quand le moment de la libération se fait plus proche, les heures lui semblent plus longues, il sait du moins qu'il sortira ; lui, il est comme enseveli dans un tombeau qui ne rend pas sa proie. Personne qui veuille prendre sa défense ! Aucun ami avec qui il puisse s'épancher ! Tout son souci reste dans son âme pour la dévorer. Il se remémore sans cesse les jours de sa captivité et la liste s'allonge indéfiniment. Il se sent sous le pouvoir absolu d'un médecin qui n'aurait qu'à prononcer un mot pour ouvrir devant lui l'espace plein de bonheur; il ose quelquefois, à la visite du matin, lui demander sa sortie; il reçoit une promesse vague, prononcée sur un ton décevant, et, après une lueur d'espoir, il retombe plus désespéré dans ses ténèbres. Hélas! que ferait-il de sa liberté? Il a l'esprit sain pendant des mois; puis survient une crise. On le met dans une cellule où la lumière arrive affaiblie par une petite ouverture pratiquée au plafond. Il a des hallucinations. Il remplit la nuit de ses hurlements. Il est furieux. Son imagination, horriblement secouée comme dans un cyclone, s'agite dans tous les sens, avec le vertige de l'infini et la détresse de l'impuissance. Quelque temps après le calme revient; le visage qui était bouleversé, orageux, reprend sa tristesse abattue. Et les journées passent s'ajoutant les unes aux autres dans une monotonie accablante. Cet homme, sacré par le malheur, respectons-le. Si vous le questionniez avec la désinvolture d'un curieux voulant se procurer une distraction, vous aigririez sa plaie. Dans cet enfer, des êtres dont la raison est en ruines se consument d'ennui, sous la surveillance de gardiens qui répriment parfois avec colère les impatiences de leur désespoir, comme s'ils étaient pleinement responsables. Et que dire de ceux, car il y en a, que l'on retient sans nécessité, quoiqu'ils aient recouvré la raison? Sous le prétexte que personne ne les réclame et qu'ils se trouveraient dehors sans moyens d'existence, ou peut-être parce qu'un directeur inintelligent les juge incurables, ils sont enterrés tout vivants entre ces murs exécrés. Représentez-vous-les parmi ces malades, la rage au cœur, n'osant pas exhaler leur indignation, de peur qu'elle ne soit considérée comme un accès de folie. Il y a pourtant des lois pour les protéger ! Ils les invoquent, mais comment en obtenir l'application? Où trouver un appui? On les écoute d'une oreille distraite, avec cette idée préconçue qu'ils ne doivent pas être pris au sérieux, et il ne leur reste que l'espérance d'une évasion sur laquelle se concentrent toutes leurs pensées, malgré des difficultés presque toujours insurmontables. Le passant qui longe les murs de cette maison ne se doute guère des douleurs qu'elle renferme.

Cependant on voit ailleurs que dans les asiles, les prisons et les hôpitaux des épaves. Que de gens sur qui l'adversité s'abat, tandis que d'autres, avec beaucoup moins de mérite, réussissent ! A quoi bon allonger cette nomenclature des blessés de la vie ? Dans l'espace de quelques milliers de mètres carrés sur lesquels s'étend la ville que vous habitez, les misères abondent. Vous coudoyez constamment des infortunés ayant le sourire aux lèvres, parce qu'ils ont la fierté de ne vouloir pas inspirer la pitié. Pourquoi d'ailleurs désirer qu'on vous plaigne, à moins qu'on ne fasse à de vrais amis, et ils sont si rares ! la confidence de ses chagrins ? La personne à qui vous vous adressez ne songera peut-être, avec des airs de compassion un peu exagérée, qu'à se féliciter de n'être pas éprouvée comme vous.

CHAPITRE V

LA GUERRE

Les gens vous supposent très riche. Parce que vous possédez une automobile et que vous avez toujours une mise irréprochable, on convaincrait difficilement les nécessiteux des alentours que vous êtes à plaindre. Si quelqu'un, bien informé de vos tourments, d'autant plus dévorants que vous les tenez cachés, s'apitoyait sur vous, on lui dirait, sans aucune intention de méchanceté cette parole devenue proverbe dans certaines régions : « Les larmes sont bonnes avec du pain. » Les pauvres, ajouterait-on, peuvent souffrir des maux qui affligent les riches, deuils, maladies, conflits, sauf naturellement la douleur de se ruiner à laquelle ils ne sont pas exposés ; en outre, le souci du pain quotidien leur donne, quand ils y pensent, des frissons. A les croire, l'argent serait le remède universel. Ils ne réfléchissent pas que les hommes fortunés en viennent ordinairement, par l'accoutumance, à ne plus savourer tous les charmes de leur position qu'ils apprécieraient à l'excès, s'il leur arrivait d'en être privés. En réalité la souffrance, sous des formes infiniment variées, atteint plus ou moins tous les hommes.

La somme des maux ordinaires est, semble-t-il, assez grande, sans qu'il soit besoin d'y ajouter ceux qu'engendre la guerre. Aussi loin qu'on remonte dans l'histoire, on y trouve la mention de luttes meurtrières. Impossible de découvrir un coin privilégié où ce fléau n'ait pas sévi, comme s'il résultait d'une loi inexorable de la nature humaine dont les pacifistes, avec d'excellentes intentions d'ailleurs, se font une idée fausse qui parfois peut devenir dangereuse, en désarmant les naïfs pour les livrer sans défense aux entreprises des habiles. Essayons de chercher dans l'analyse psychologique la raison de cette universalité qui ferait croire à une fatalité.

L'une de vos plus grandes peines serait

d'être condamné à vivre toujours seul, à moins que l'expérience des hommes ne vous ait complètement dégoûté de leur commerce. Il est probable que vous ne pouvez pas vous en passer, malgré des déboires dans lesquels vous n'assumez pas assez votre part de responsabilité, car, inévitablement, quels que soient vos mérites, si le prochain a des torts, vous avez aussi les vôtres. Ceux qui sont incapables de se créer des relations durables ont du moins une tendance à en changer souvent, allant de l'une à l'autre comme des gens en quête d'une satisfaction dont la privation serait des plus pénibles.

Ce n'est pas seulement pour éviter l'ennui que nous nous plaisons dans la compagnie des autres ; c'est encore pour jouir des bienfaits de la coopération, chacun, depuis l'ouvrier jusqu'au patron, apportant dans le fonctionnement de l'immense et compliqué mécanisme le concours de ses facultés et de son activité. Il n'y a d'inutiles que les oisifs, ces parasites du corps social qui en viennent, par le progrès des mœurs, après avoir été jadis une aristocratie, à ne plus jouir d'aucune considération, même lorsqu'ils tiennent de leurs parents une fortune leur permettant de vivre sans travailler. S'ils ne se livrent pas à une occupation rémunérée, dans l'exercice d'une profession quelconque, on attend du moins d'eux des services gratuits dans l'administration des intérêts publics.

Représentez-vous maintenant un pays dont tous les habitants, doués d'un esprit droit, s'efforceraient, sous l'inspiration de la charité, de diriger leur conduite d'après les règles de la justice, en vue du bien commun. La paix y régnerait sans aucun mélange de dissensions. Les grands ne chercheraient pas à se servir de leur supériorité pour exploiter les petits et les petits auraient assez de jugement pour ne pas méconnaître l'utilité des grands.

Malheureusement les imperfections de la nature humaine rendent impossible la réalisation de ce magnifique idéal. Regardez autour de vous et en vous. Vous avez remarqué avec quelle facilité naissent et meurent très souvent des relations qu'on appelle hâtivement des amitiés, dans l'agrément des débuts, et qui ne sont en réalité que le rapprochement fortuit de personnes enchantées d'être ensemble, parce que des intérêts pas-

sagers les unissent. En vertu de l'adage :
« Tout nouveau, tout beau », elles ne se reconnaissent réciproquement que des qualités, avec une indulgence qui les incline à mille concessions. Chacun se montre sous son jour le plus favorable, non par hypocrisie, mais par besoin de plaire. Cependant, au bout de quelque temps, il commence à poindre des dissentiments nés du conflit des goûts. Ce n'est d'abord sans doute qu'un léger nuage à l'horizon ; le ciel n'est plus absolument pur. Vous sentez une gêne, un refroidissement, sans trop vouloir en convenir avec vous-même. Déjà l'ami que vous aviez encensé avec trop d'empressement a changé d'aspect. Vous découvrez en lui des défauts qui vous étonnent. Il a comme vous sa personnalité hérissée d'égoïsme. Les épines qui disparaissaient dans l'aménité des manières montrent maintenant leur pointe. Peu à peu surgissent les reproches, des mots aigres, des brouilles suivies de raccommodements avec de la gêne, des nuages qui s'avancent noirs et menaçants pour tomber en averse. Les inséparables ne peuvent plus se supporter.

Si des individus nous passons aux partis, nous voyons grandir la guerre. Est-il, par exemple, un seul parti politique ou religieux où la communauté des principes produise une entente parfaite? Unis sur le terrain des idées générales, surtout en face de l'adversaire, on diffère d'opinions sur les détails et les dissentiments qu'un peu de bon sens apaiserait s'exaltent parfois avec fureur sous la poussée des amours-propres obstinés à ne pas céder. Il y a l'opposition des caractères, les uns possédés de la passion du commandement, les autres plus respectueux du droit des égaux. S'il en est qui, naturellement passifs, acceptent sans protester qu'on les dirige, beaucoup, par amour de la paix ou pour ne pas se créer les ennuis de la lutte, laissent faire, tout en exprimant avec modération des critiques, jusqu'au moment où le souci de leur dignité les anime contre une domination devenue intolérable. Et puis les dirigeants ont des rivaux qui, désireux d'arriver au pouvoir, exploitent sans mesure les passions des mécontents. Si les partisans des divers camps n'étaient mus que par l'amour de la vérité, la lutte, même très vive, aurait une sorte de grandeur, puisqu'on s'efforcerait de faire prévaloir un point de vue jugé bon. Sous le couvert de la justice, les hommes ne poursuivent trop souvent que le triomphe de leur vanité. Les principes sont invoqués pour amorcer les naïfs facilement fascinés par les belles paroles. Cela se voit abondamment dans les pays de suffrage universel fertiles en politiciens. Là foisonnent les vices de l'état de guerre, le mensonge, la fourberie, l'habileté ne reculant devant aucun procédé pour réussir, dût-on être féroce, quand il s'agit d'éliminer un concurrent dangereux, ou prenant les formes de la courtisanerie pour s'attirer les faveurs du peuple souverain. La lutte devient quelquefois assez ardente pour que les factions opposées se combattent avec un acharnement tel qu'on les croirait appartenir à différentes races excitées par la rage de l'extermination.

Il est rare pourtant que la guerre civile, malgré ses emportements, atteigne le degré d'horreur qui déshonore l'humanité dans les guerres entre nations. Chaque peuple est une personne collective qui se distingue des autres peuples par des traits spéciaux. Il a sa tournure d'esprit, ses institutions, ses lois, ses qualités et ses défauts résultant de la race, du sol, du climat, des croisements, des traditions de gloire ou de revers et de l'influence exercée par ses grands intellectuels qui sont, comme les sujets les plus humbles, mais avec une puissante originalité, des enfants de la même mère. Un peuple a donc sa physionomie physique et spirituelle. Rencontrez-vous un groupe de Peaux-Rouges, vous êtes impressionné dès l'abord par leur ressemblance provenant du type de la race; observez-les de plus près, vous voyez se détacher les particularités par lesquelles chaque individu se sépare de ses congénères. Si vous pénétriez dans leur intimité, vous distingueriez entre eux, pourvu que vous eussiez une connaissance approfondie de leur langue, des contrastes de caractère et d'idées non moins accusés.

Or les peuples, ayant leur personnalité, ont aussi leur égoïsme. L'idéal serait que chacun, tout en travaillant à son développement, ne songeât pas à empiéter sur les droits des autres. Le civilisé se fait un devoir de pratiquer la justice, tandis que le culte de la force brutale est la marque du barbare. La tentation est grande pour un peuple dont la puissance augmente avec sa population de s'annexer violemment des territoires, en légitimant ses conquêtes par des raisonnements d'apache. Celui-ci, quand il dévalise la maison d'un bourgeois, se persuade qu'il ne commet pas un acte de brigandage; il ne fait à son avis que reprendre un bien détenu injustement. Certains peuples estiment naturel de s'approprier ce qui ne leur appartient pas, sous le prétexte monstrueusement immoral qu'étant mieux doués, tout leur est permis. Ils sont atteints du délire des grandeurs qui pousse des hommes, parfois très intelligents, à se jeter dans de folles entreprises où, après avoir été grisés par des succès, ils trouvent la ruine, alors qu'il eût été si sage, en modérant son ambition, de continuer sa prospérité.

Tous les vices nés de l'égoïsme se retrouvent aggravés chez les peuples où ils ne sont point contenus par la crainte de l'opinion qui souvent, chez les particuliers, remplace la conscience absente. Les peuples se méfient avec raison les uns des autres. Dans la crainte d'être attaqués, ils songent à se défendre, de sorte que dans la paix ils organisent la guerre avec des marques de courtoisie pour dissimuler leurs intentions, comme ces gens qui se font des politesses en projetant de se nuire. Les diplomates ont la mission, dans les rapports internationaux, d'être constamment aux aguets, afin de renseigner leurs gouvernements sur les préparatifs de ceux auprès desquels ils sont accrédités. L'histoire ne montre-t-elle pas avec quelle facilité on passe de l'affection à la haine et de la haine à l'affection, dès que des intérêts vous séparent ou vous rapprochant? Ainsi donc les causes d'où naissent les guerres ne disparaissent jamais; après être restées assoupies pendant quelque temps, à la joie des pacifistes qui les croyaient désormais disparues, elles se redressent accompagnées de toutes les horreurs des époques de barbarie.

Ordinairement l'agresseur repousse la responsabilité de son crime à cause des neutres dont il ne s'inquiéterait pas, s'il n'y avait aucun danger à se les aliéner, car ils sont atteints par les conséquences de la crise. Il se dit attaqué et il invente des raisons contre l'évidence, pensant qu'un mensonge audacieux a des chances de réussir auprès de quelques-uns. On voit alors le coupable invoquer la justice avec des attitudes de personne lésée, furieux de la résistance qu'on lui oppose, plein de mépris pour ses victimes, jusqu'au jour où le châtiment lui ouvre les yeux sur ses méfaits.

Quelles ne sont pas les ignominies de la guerre ! Elle a néanmoins des partisans qui prétendent que les caractères s'amollissent dans les douceurs d'une paix trop prolongée. Celui qui jouit en sécurité d'un grand bien-être n'a généralement que la préoccupation de le conserver. Son idéal s'abaisse ; il s'enfonce dans le matérialisme. Il est donc utile que des épreuves viennent le secouer et ramener son âme à des pensées sérieuses. Ainsi raisonne-t-on.

L'homme de devoir se caractérise par le respect qu'il professe pour la conscience. L'homme de plaisir au contraire n'a aucun souci de lui assurer la place d'honneur dans l'administration de sa conduite. Ce n'est pas qu'il affecte de la dédaigner, car il est rare qu'on pousse l'immoralité jusqu'à ce degré d'aberration : mais il en fait aisément une complice excusant, par des arguments parfois très subtils, des actes qu'elle devrait réprouver.

On pourrait comparer l'homme de plaisir à un clavier dont les touches rendent des sons différents. Le clavier, c'est le corps ; les touches, ce sont les cinq sens qui, impressionnés de diverses manières, produisent toute la gamme des sensations avec une infinie variété de nuances. La supériorité du jeu dépend de l'habileté du joueur et de la qualité de l'instrument. L'ivrogne ne tire de son instrument qu'une note, la sensation du vin coulant le long de son gosier et l'engourdissement du cerveau que suit l'oubli momentané des misères. Pétrone, que Néron dont il était l'un des favoris appelait l'intendant des plaisirs, type de l'épicurien élégant, tirait de son clavier une symphonie magistrale. Il y a, dans ce genre d'opérations, des artistes qui excellent à utiliser tous les sens pour se procurer une riche collection de jouissances, celles de la vue par les chefs-d'œuvre de la peinture et de la sculpture, de l'ouïe par le talent des virtuoses, de l'odorat par la suavité des parfums, du goût par les raffinements de la cuisine, du toucher par toutes sortes de moyens, l'industrie, le commerce, l'art, la littérature ou la science étant employés à satisfaire cette soif de volupté dont un si grand nombre d'hommes sont dévorés. On s'impose beaucoup de peine pour augmenter la somme de ses plaisirs, en compliquant la vie d'une multitude de besoins artificiels qui deviennent des tyrans dont on ne peut plus se débarrasser. Ce n'est pas qu'il fût raisonnable, par amour de la simplicité, de renoncer aux délicatesses de la civilisation dans les soins de la nourriture, du vêtement ou du logement ; mais, s'il est légitime de ménager la chair, il serait sensé de la dominer, pour épargner à l'humanité les vilenies de la décadence.

Que devient sous son influence la littérature ? Elle est envahie par la pornographie qui s'étale cyniquement au théâtre et dans le roman encombrés par les drames ou les jovialités de l'adultère. Le même sujet revient si fréquemment qu'il semble impossible de l'éviter : on dirait une obsession. L'auteur, en voulant être gai, ne réussit qu'à être attristant, et la salle de spectacle est devenue presque un mauvais lieu où l'on hésite à aller en famille, parce que, sans être d'une pruderie excessive, on y est choqué par des allusions ou des crudités dont s'amusent seuls les gens d'une moralité inférieure. L'écrivain qui flatte, pour réussir, les bas instincts du public n'est-il pas une espèce de malfaiteur que l'honnête homme a le droit de mépriser ? Le talent le plus incontesté ne saurait servir d'excuse, car il est le subordonné de la conscience.

Dans une société indulgente à ces exhibitions, les liens de la famille se relâchent inévitablement. On n'aborde pas en général le mariage avec tout le sérieux que la plus grave affaire de la vie devrait inspirer. Beaucoup trop de jeunes filles se décident à la légère, avec la pensée que, si leur choix est malheureux, elles auront, par le divorce, la ressource de tenter un nouvel essai, et, parmi les jeunes gens, un grand nombre ne songent à se marier qu'après s'être bien amusés, à moins qu'ils ne préfèrent les unions libres où ils mènent quelquefois une existence d'esclaves. Avec des mœurs si relâchées, la natalité diminue, parce qu'on en redoute les charges. Les parents n'ont pas, dans l'exercice de leur tâche d'éducateur, l'autorité grâce à laquelle on est d'autant plus obéi qu'on se fait davantage respecter. Quelle peut être la puissance des meilleurs enseignements, quand il ne s'y ajoute pas celle de l'exemple?

Le devoir a un aspect rébarbatif; le plaisir est plus attrayant. On aime la bonne chère, le luxe, la vie brillante et agitée. Les femmes préfèrent les modes tapageuses, indécentes même, qui attirent les regards et offensent le goût, tout en étant d'un prix très élevé. Aucun symptôme n'accuse mieux la démoralisation d'une société que cette frivolité sacrifiant au désir de paraître les joies de l'intérieur, la sécurité fruit d'une sage économie et la bonne réputation qui est, avec le sentiment de la dignité, la récompense d'une conduite honnête.

On n'a pas des plaisirs sans argent ; il faut donc, si on n'est pas riche par des héritages, chercher à le devenir par les affaires. Que de jouisseurs, pour arriver promptement à la fortune, se lancent éperdument dans la spéculation ! Que de commerçants, pour réaliser de plus gros bénéfices, recourent à la fraude ! S'ils sont pris, ils passent pour des fripons ; s'ils ne le sont pas, on les classe parmi les habiles, et, parce qu'ils mènent une vie fastueuse, on ne pense guère à leur improbité ou on les salue si bas qu'ils se croient estimables. Les braves gens, préférant la médiocrité à une richesse mal acquise, sont assurément plus considérés dans leur entourage, mais la foule ne les envie pas et, en tous cas, ils ont moins de courtisans.

Le bas peuple, qui parle des millionnaires avec déférence, quand il ne les dénigre pas avec passion, voudrait avoir sa part de jouissances. Il y est d'autant plus incliné par l'inconduite des grands que sa petite instruction et la pratique du suffrage universel lui donnent une opinion exagérée de son importance. Il ne comprend pas assez que, la nature ayant créé les hommes inégaux, la machine sociale a besoin, pour fonctionner régulièrement, d'une convenable distribution des rôles suivant les aptitudes. Quoi qu'on fasse, il y aura toujours des supérieurs et des inférieurs, d'où il résulte que le nivellement des conditions par la suppression des hiérarchies est une absurdité dont on pourrait sourire, si elle n'était pas très dangereuse. La soif de plaisirs trouble le jugement de la masse et mène au socialisme destructeur. On aspire à gagner beaucoup, en travaillant peu, pour se divertir le plus possible, ce qui produit l'appauvrissement général.

Ce triomphe de la chair trouve sa formule dans le matérialisme de la doctrine qui accompagne ordinairement celui de la conduite et souvent le prépare. La noblesse des aspirations est tournée en ridicule. Il ne faut pas montrer des sympathies pour la religion, car on deviendrait aisément suspect. Il est admis qu'un homme religieux ne peut pas être intelligent; ou, s'il est intelligent, il doit être hypocrite et, s'il n'est pas hypocrite, il est inévitablement rétrograde. Ainsi en décide la logique simpliste d'une foule de politiciens naïfs qui prennent leurs désirs pour des réalités.

Le corps social ainsi travaillé tombe en déliquescence. Les caractères, n'ayant plus pour armature de solides principes de morale combinés avec la religion, deviennent flasques et chancelants. Des vices qui, aux époques de régénération, sont énergiquement réprouvés s'étalent sous le regard complaisant du public incapable de s'en indigner. Les hommes restés purs dans le bourbier ont une réputation d'excentriques. On a peut-être pour eux de l'estime ; mais qu'ils sont ennuyeux ! Quand un peuple est arrivé à ce degré de corruption, il respire un air empesté dont il mourra, à moins qu'une terrible tempête ne dissipe les gaz délétères. C'est à cette occasion qu'on préconise l'utilité de la guerre.

Sur les champs de bataille, il est vrai, s'épanouissent des fleurs magnifiques, l'endurance, l'esprit de sacrifice, le mépris de la mort, des vertus qui provoquent le frisson sacré de l'admiration. Est-il rien de plus beau que l'exaltation du patriotisme ? Quel spectacle émouvant que celui de ces hommes de toute condition allant à la frontière pour la défense de leur pays ! Le lâche n'a pas de patrie ; il ressemble à l'animal qui change de maître sans presque s'en apercevoir. Peu lui importe de passer sous le joug d'un vainqueur, pourvu qu'il trouve au râtelier, dans la tranquillité de l'étable, une nourriture suffisante ! Et dire qu'on en rencontre de ces âmes basses dont l'horizon ne dépasse pas les intérêts matériels, leur unique préoccupation ! Quelle différence avec le patriote vibrant d'enthousiasme ! Pourquoi donne-t-il sa vie ? Il lui serait difficile, à moins qu'il n'ait en psychologue analysé ses sentiments, de vous le dire avec netteté, car l'amour de la patrie est un mélange très compliqué de souvenirs et d'espérances qui constituent le fonds le plus intime de l'être humain. Si nous rencontrions, à des milliers de lieues du sol natal, un compatriote, nous serions émus jusqu'à en pleurer. Cet inconnu qui parle notre langue nous attire puissamment, s'il mérite l'estime. On se sent de la même famille. Combattre pour sa patrie, c'est se dévouer pour la conservation du trésor le plus précieux, l'honneur et la liberté. Quoi de plus humiliant que l'esclavage sous la tyrannie d'un ennemi qui viole le sanctuaire de votre âme et souille de sa présence les lieux où vécurent les ancêtres! Le pauvre qui se désintéresse de l'issue de la guerre, sous le prétexte qu'il n'a pas comme le riche des biens à défendre, oublie que les terres, les usines et les coupons de rente ne sont pas les seules richesses pour lesquelles un homme vraiment homme doit exposer ses jours. Oui, si légitime que soit le rêve de fraternité universelle, la patrie, surtout quand elle est en danger, revêt le caractère auguste d'une mère qu'on ne laisse pas outrager sans s'avilir.

Mais la guerre, hélas! se présente accompagnée de dévastation et de deuils. Il faut, pour cueillir ses beaux fruits, s'enfoncer dans un cloaque. Comme on éprouverait du plaisir à les admirer, s'ils ne s'offraient pas à nous dans un cadre d'horreur! La science, dont on attendait un appui pour la civilisation, a servi, par d'infernales inventions, à exciter plus que jamais, sur d'immenses champs de carnage, la bête de proie qui sommeille, en temps de paix, dans l'homme. Quel spectacle que ces entassements de cadavres sur des ruines inondées de sang, ces milliers de blessés remplissant la nuit de leurs gémissements sous la pluie ou dans la neige, ces femmes, ces vieillards et ces enfants qu'on extermine comme on écrase un insecte sous son talon, ces déportations en masse de civils forcés de travailler contre leur propre pays dans des fabriques d'armes et ces exodes de populations allant à l'aventure dans un tumulte d'angoisse, lamentables débris d'un naufrage, sur un océan de misère et d'incertitude! Ces scènes de désolation, il faut en convenir, traitées par un artiste de talent, sont plus grandioses dans un tableau qu'un intérieur bourgeois avec des visages réjouis, surtout si le peintre, pour compléter l'effet sans nuire à la vérité, dessine à l'horizon les restes d'une cathédrale que le barbare a rageusement détruite, sachant que certains chefs-d'œuvre, consacrés par l'admiration universelle, sont le patrimoine de l'humanité et non pas seulement d'un peuple. Après les hostilités, il reste de la haine pour des siècles, la haine du vainqueur qui se sent abhorré, la haine du vaincu qui aspire à la revanche. La guerre engendre trop de laideurs, la férocité, la ruse, le mensonge, la félonie, sans compter les lâches qui cherchent à obtenir par l'intrigue la croix des valeureux, pour que la considération de quelques avantages nous console de tant de méfaits.

L'homme, s'il était mieux inspiré, n'aurait-il pas dans la paix mille occasions de montrer les qualités qui se déploient, avec plus d'éclat et, non avec plus de mérite, dans les batailles ? Que de héros obscurs dans des taudis où personne ne les découvrira pour les honorer ! Le citoyen qui brave le préjugé, dût-il être martyr, pour proclamer une vérité, n'est-il pas aussi vaillant que le soldat montant à l'assaut ? La guerre, en accumulant les malheurs, incline certaines personnes à des pensées plus graves. On a des revenus considérablement diminués ; il faut, pour réparer les brèches, revenir à la vie simple, redoubler d'activité. Mais combien n'y a-t-il pas de gens que les leçons de l'adversité n'impressionnent guère ! Loin de devenir meilleurs, ils ne songent, après avoir beaucoup souffert, qu'à jouir pour se dédommager. A la suite de désastres qui avaient appauvri le pays en hommes et en argent, la corruption a reparu plus effrontée. On avait compté sur un essor de la religion. Des indifférents, qui n'allaient presque jamais dans les églises, s'y rendaient, sous l'impulsion de la peur, sans se rendre compte du ridicule qu'il y a à vouloir accaparer les faveurs de la Providence également implorée par toutes les nations. Elle est bien fragile une piété née de l'égoïsme ! Tel prie aujourd'hui avec ferveur, parce qu'il attend un secours, qui demain blasphémera avec indignation, s'il est déçu. Est-il même sûr que la dévotion de ces effrayés deviendrait plus solide, au cas où leurs prières seraient exaucées ? Ils exprimeraient peut-être leur reconnaissance en termes sentis, pour revenir bientôt, par la pente de l'ingratitude, à leur indifférence, semblables à ces solliciteurs qui demandent humblement un service à un personnage influent, avec la crainte de n'être pas écoutés, et qui, l'ayant obtenu, l'oublient, comme si le succès leur était arrivé naturellement, en récompense de leur mérite. Le vrai dévot est désintéressé ; il n'a pas la prétention de fixer à Dieu une ligne de conduite. Il croit, par respect pour la conscience, à un ordre profond en vertu duquel la justice triomphera, si ce n'est dans ce monde, du moins dans un autre. Observez ces suppliants agenouillés devant leurs fétiches. Ils implorent des faveurs immédiates.

Si vous les renvoyez à plus tard, dans l'Au-delà, cette perspective d'une compensation aux misères de la vie présente leur paraît trop lointaine pour être consolante. L'idée de la vie future doit cependant occuper une place centrale dans la religion ; ils ne se soucient guère d'être logiques.

Pour tirer un sérieux profit de l'adversité, il faudrait avoir une foi sincère. Celle-ci brille quelquefois d'un éclat très vif chez des hommes fortement attachés à des dogmes surannés, sans faire aucune part à la critique qu'ils jugent impie. Un nombre immense de nos contemporains, animés des meilleures intentions, sont incroyants parce que les raisons de l'Église infaillible ne les convainquent pas. Ils estiment que les religions discréditées accomplissent, malgré l'âme de vérité qui y subsiste, une œuvre de désorganisation morale, en jetant dans le désarroi une multitude croissante d'individus qu'elles sont impuissantes à retenir. Certains, il est vrai, reviennent à elles, faute de mieux ; mais ces adhésions de rationalistes fatigués ne sauraient leur communiquer une forte vitalité. Elles galvanisent une institution, elles ne la rajeunissent pas. Notre société porte dans ses flancs deux ennemis irréconciliables. Le salut serait dans une rénovation de la croyance qui établirait l'accord entre la foi et la raison. Voit-on poindre à l'horizon une lueur d'aurore ?

Rien de plus malaisé que de faire des pronostics, parce qu'on est aisément dupe de ses préférences. Une chose incontestable, c'est qu'une religion ne sort pas toute formée du cerveau d'un penseur ou des discussions d'une assemblée de théologiens, pour aller de là à la conquête du monde. Elle naît et se développe à la manière d'une graine qui, mise dans un terrain favorable, germe, grandit, fructifie, ne demandant que des soins pour accomplir son destin. La tâche des docteurs consiste à exprimer avec clarté des idées dont la foule n'a qu'un obscur pressentiment et qu'elle accueille, dès qu'on les lui présente revêtues d'une forme attrayante. Les prophètes ne sont guère que des interprètes.

Il se produit actuellement dans le monde moral un phénomène auquel on ne prête peut-être pas assez d'attention, quoiqu'il s'agisse d'une croyance représentée par des millions d'adhérents épars dans le monde entier et ayant à son service de nombreux périodiques, une longue série d'ouvrages dont plusieurs ne redoutent aucune comparaison, des groupes d'études bien organisés et des congrès internationaux où passe un puissant souffle d'espérance. Ses adeptes ne doutent pas de sa victoire dans l'avenir. A quoi tient cette certitude ? S'il s'agissait uniquement de raisonnements, on aurait le droit, quelle que fût leur vigueur, de douter de leur invincibilité, car la vogue d'un système a toujours le sort d'une mode ; mais il s'agit de faits rigoureusement contrôlés par des savants, par conséquent indépendants de l'opinion qui ne peut rien contre eux, si ce n'est d'assumer le tort d'en contester l'existence pendant quelque temps. Ces faits désignés sous le nom de psychiques semblent provenir de personnalités invisibles. On assiste à l'éclosion d'un spiritualisme positif qui prouve par des phénomènes supranormaux la vraisemblance de manifestations intellectuelles se produisant sans le concours d'un cerveau matériel. Si on parvient à bâtir sur ce fondement, avec une extrême probabilité, une doctrine de la survie, quelle révolution dans la mentalité humaine !

Ces néo-spiritualistes espèrent que leur croyance trouvera, grâce à la guerre, un sol favorable à son extension. Le sang ne coula jamais aussi abondamment, même aux époques de barbarie dont nous parlions avec mépris, avant que nous eussions mené le deuil de la civilisation. Parmi les millions d'âmes meurtries, un grand nombre, révoltées contre l'injustice, atteintes dans leurs plus chères affections, étonnées de ce que la Providence permet tant d'horreurs, seront attirées par la question de l'Au-delà traitée expérimentalement. Le germe, jusque-là gêné dans son développement, deviendra, pensent-elles, sur un terrain profondément labouré par la douleur et arrosé par les larmes, un arbre chargé de fruits à l'ombre duquel s'abriteront beaucoup de blessés de la vie. De cette rénovation des idées pourrait sortir une amélioration des mœurs par une élite de croyants jouant dans la société le rôle du sel qui prévient la décomposition. L'essentiel serait qu'ils fussent assez nombreux dans le commerce, les administrations, l'Université, partout, pour contrebalancer, avec le concours des traditionnalistes sérieux, l'influence des hommes corrompus qui devient facilement prépondérante dans notre monde voué à la médiocrité.

La guerre, malgré ses horreurs, produirait quelques bons résultats, à la manière de ces poisons qui, administrés à une dose convenable, changent le cours de la maladie. Le poison, pris en trop grande quantité, compromet la santé du malade, si toutefois il ne le tue pas. Ce risque, toujours à craindre dans le déchaînement de la force brutale, doit nous incliner à aimer la paix, même perpétuelle. Malheureusement celle-ci est le rêve, magnifique sans doute, d'utopistes qui se bercent de l'espoir que les peuples, ramenés à la douceur par la férocité, se tendront fraternellement la main. Pour détruire la guerre, il faudrait en supprimer les causes, l'antagonisme des races, le conflit des intérêts, la sottise et la méchanceté qui précipitent les nations dans des aventures d'où elles comptent retirer des profits, sans songer que les pertes dépassent de beaucoup les gains ; il faudrait que le vainqueur renonçât à ses conquêtes, que le vaincu oubliât ses griefs et qu'il fût procédé à un désarmement général pour anéantir la tentation de recommencer. Au contraire, les hostilités finies, on travaille à panser ses plaies, sans se préoccuper d'améliorer son âme.

Il semble donc que la guerre est un mal inévitable, contre lequel on doit lutter pour ne pas en assumer la responsabilité, et dont il est sage d'utiliser les leçons, sans cesser de la maudire. Quelle condition misérable que celle de l'homme! Tant de douleurs et pour quel résultat?

CHAPITRE VI

L'HUMILIATION DU JUSTE

Représentez-vous un homme de grand caractère et de haute intelligence qui, amèrement impressionné par le spectacle de l'injustice et de l'erreur, ne peut, par amour pour ses semblables, s'empêcher de protester ; il entre dans une voie où l'attendent de dures épreuves.

Dès les premières tentatives, il soulève des murmures. Il se trouve sans doute des gens sérieux qui ne craignent pas de l'approuver, au risque d'indisposer contre eux l'opinion ; mais qu'ils sont peu nombreux ! D'autres l'admirent, sans oser en convenir, de peur de se compromettre. L'immense majorité, troublée dans ses habitudes, le poursuit de sa réprobation. On le traite comme un révolutionnaire : on lui prête des intentions basses ; on en fait un ambitieux avide de renommée et jouant un rôle de novateur pour en tirer profit ; on met à le honnir une indignation qui est la révolte de la conscience. Tous les hurleurs n'appartiennent pas à l'espèce des lâches entraînés par un courant ; il y a parmi eux de bonnes âmes, sincères, respectables, mais ignorantes et timorées, à qui l'apôtre d'une idée nouvelle inspire de la répulsion, parce qu'elles le supposent pervers et dangereux.

Que fait le juste dans l'ouragan ? Il savait, en engageant le combat, qu'il exposait son bien-être. Il est allé de l'avant avec un frisson, comme un pilote qui, sur une frêle embarcation, affronte l'immensité de la mer. Il est soutenu par la vision d'une œuvre magnifique; combien ce'te satisfaction est austère au milieu des sombres pressentiments qui l'assiègent ! Le voilà debout, meurtri, le visage grave avec un léger sourire, sublime pour quelques-uns, infâme pour la multitude, secoué par les vents de l'impopularité, jusqu'à ce qu'il tombe flétri et désespéré, se demandant avec une ironie douloureuse si l'humanité mérite qu'on souffre pour l'éclairer. Cette suprême défaillance du prophète est la condamnation des persécuteurs. Pourtant, de même que le soleil brille parfois dans la tempête, la confiance en l'avenir passe à travers sa détresse.

Sa blessure est féconde. L'humanité ne progresse que par l'abaissement des initiateurs. Elle commence par assouvir contre eux sa méchanceté. Après avoir joui de leur humiliation, elle se calme, persuadée que c'est la fin. Sans qu'elle s'en doute, elle a subi une transformation. La vérité méconnue ne lui cause plus la même surprise mêlée de répulsion ; elle s'y habitue peu à peu ; la lutte continue moins amère ; l'apôtre sacrifié laisse des successeurs qui reprennent son œuvre ; insensiblement l'idée conspuée s'insinue dans les âmes, forte de son droit, et, après une longue série de vicissitudes pendant lesquelles il a souvent semblé qu'elle allait sombrer, elle triomphe enfin, elle crée des institutions, elle a à son service des docteurs, des poètes, des artistes, des orateurs, des hommes d'État, et ceux qui s'obstinent à la mépriser sont relégués au rang des rétrogrades.

Le juste, ignominieusement tombé sous les huées, se redresse alors avec un visage auguste. On voit sa haute stature se détacher à l'horizon sur un ciel radieux. Les hommages de cette humanité qui l'avait déshonoré, au nom de la morale éternelle, s'en vont à lui. On se pare de sa gloire posthume, on lui élève des statues, la victime expiatoire est promue pour toujours à la dignité d'un dieu.

Sa victoire n'est pourtant pas complète. Si sa personne occupe désormais dans la vénération des hommes une place éminente, sa pensée, comprise d'une élite, ne se propage pas sans être dénaturée, comme ces métaux précieux qui ne peuvent servir à des usages journaliers qu'en étant alliés avec des métaux de qualité inférieure, et c'est ainsi que le prophète, célébré sur tous les tons, subit de nouvelles humiliations. Ceux qui s'efforcent de mettre en pleine lumière sa véritable doctrine sont accusés d'infidélité et la pauvre humanité s'agite indéfiniment dans les sentiers de l'erreur qu'elle jonche de martyrs. Elle n'est capable de supporter qu'une clarté lunaire ; l'éclat du soleil offusque ses yeux clignotants.

Voyez le Christ. Avec quel acharnement ne le poursuivit-on pas ! Les prêtres, qui semblaient prédisposés par leur caractère de représentants de la religion à lui faire l'accueil le plus empressé, furent ses pires détracteurs. Orgueilleux, autoritaires, jaloux, enfermés dans leur dogme comme dans une citadelle, ils lui en voulurent de travailler sur un terrain dont ils s'arrogeaient la propriété exclusive. Ils le combattirent avec l'approbation d'une foule de gens pieux et étroits pour qui, porter la moindre atteinte à la tradition, c'était détruire de fond en comble l'édifice. Tout ou rien, telle était leur devise. Jésus, parce qu'il modifiait sur des points importants la doctrine des ancêtres, ne fut à leurs yeux qu'un démolisseur. Ces peureux étaient sincères dans leur ignorance. Que dire des sceptiques conservateurs, des madrés qui se moquaient du prêtre, mais tenaient à lui comme à un officier de morale, à un agent sacré dont la société avait besoin pour le maintien de l'ordre? De quoi se mêlait-il, ce personnage malencontreux? Qui donc oserait se plaindre, puisqu'ils ne se trouvaient pas trop mal? Et les compatriotes de Jésus, en quelle petite estime ne l'eurent-ils pas! Le fils d'un charpentier, un individu dont on connaissait les parents, gens de petite condition, fi donc! Quant aux grands fonctionnaires, avec quel dédain ils accueillirent cet apôtre ingénu d'une utopie bizarre ! Tant qu'il parut inoffensif, c'est à peine s'ils le distinguèrent du haut de l'échelle sociale où perchait leur vanité ; dès qu'il fut devenu populaire, ils redoutèrent de trouver en lui un agitateur. Il fallait l'abattre.

Sujet de honte pour nous tous ! Le Juste par excellence nous apparaissant, dans le lointain de l'histoire, derrière le nimbe doré de la légende, pauvre, sanglant, méprisé comme le dernier des malfaiteurs ! On est si habitué à le contempler dans sa gloire de roi spirituel qu'on ne peut, sans un puissant effort de réflexion, se le représenter au milieu de ses contemporains simple docteur discuté avec colère par les uns, écouté avec ravissement par d'autres, navré à Gethsémané, raillé par un Caïphe, jugé par un Pilate, insulté par des soldats, maudit par la foule, agonisant sur un gibet, incompris de ses disciples, avant l'apothéose qui l'élève, à une hauteur prodigieuse, au-dessus des plus grands semeurs de vérités. Et dire que nous ne valons guère mieux aujourd'hui !

CHAPITRE VII

LA DÉTRESSE DU PENSEUR

Puisque nous passons en revue les douleurs de l'humanité, n'oublions pas celles du penseur. Celui-ci n'est-il pas encore un blessé ?

On peut, sans vous faire injure, supposer que votre vie n'est pas consacrée entièrement à la métaphysique. Cependant vous avez parfois l'esprit traversé par des éclairs qui vous laissent ensuite dans une obscurité plus profonde. Ne vous êtes-vous jamais dit : « Que suis-je donc venu faire dans ce monde ? » Mais cette question s'évanouit en général aussitôt après s'être dressée comme un fantôme.

Faisons maintenant une autre supposition non moins plausible : vous appartenez à la catégorie de ces esprits spéculatifs qui constituent une sorte d'aristocratie intellectuelle, puisqu'ils s'occupent des sujets les plus nobles, du problème de l'âme et du monde. Quels points d'interrogation gigantesques, sublimes, émouvants ! Qui suis-je ? D'où viens-je ? Où vais-je ? Quelle est l'origine, quelle est la fin de cet univers dans lequel je m'agite pendant quelques instants ?

J'ai là, sur un rayon de ma bibliothèque, parmi les œuvres des plus grands génies, un livre de modeste format que vous connaissez pour l'avoir appris dans votre enfance : le catéchisme. Dans ce manuel de religion, vous trouvez une réponse aux questions qui font le tourment de l'humanité. Il y est parlé de Dieu, de la vie d'outre-tombe, de morale et surtout du Christ.

Jadis, aux époques de foi, ce livre, censé résumer l'enseignement des saintes Écritures, jouissait d'une autorité incontestée. Il est très discuté aujourd'hui ; vous lui demandez ses titres de créance ; vous ne voudriez pas passer pour un crédule, en acceptant passivement d'emblée, sans en rien retrancher, son contenu.

Le hasard vous a fait naître dans une des

Églises chrétiennes. Versé dans ce milieu, vous en avez si naturellement adopté les opinions que vous ne conceviez pas jadis qu'on pût s'en éloigner, sans se rendre coupable d'impiété. L'hérétique vous inspirait de la répulsion.

Mais peu à peu l'édifice dans lequel s'abritait votre âme vous est apparu fragile. Vous n'avez certes pas passé d'un bond de la croyance au doute. Vous y êtes arrivé à travers les péripéties d'un drame intérieur dont vous n'évoquez pas sans émotion le souvenir. Vous accueillîtes les premières atteintes de l'incrédulité comme des suggestions du démon. Vous rappelez-vous les révoltes de votre conscience, lorsque vous fîtes la connaissance d'auteurs célèbres qui sollicitaient votre curiosité par de retentissantes négations? Que pouvaient-ils dire de probant contre des doctrines venues de Dieu par l'intermédiaire de prophètes surnaturellement inspirés? Leurs arguments vous semblèrent d'abord d'une faiblesse déplorable, parce qu'ils n'avaient pas la vertu d'anéantir instantanément toutes les objections dans un esprit prévenu. Vous poussâtes presque un cri de triomphe : la foi vous restait. Cepen-

dant cette victoire était le commencement
de la défaite. L'ennemi, quoique méprisé,
s'était insinué dans la place. Des questions,
que vous ne vous étiez jamais posées, semblables à des termites, rongeaient à votre
insu la charpente de votre abri dont l'extérieur conservait les apparences de la solidité.
Si vous aviez été de ces esprits frivoles qui
n'éprouvent le besoin de rien approfondir,
vous vous seriez, après cette première épreuve,
établi plus fortement dans votre sécurité.
Malgré vous, l'inconnu vous attirait. Vous
désiriez voir plus clair dans des sujets sur
lesquels vous n'aviez pas encore réfléchi.
Vous alliez ainsi vers le gouffre insensiblement, avec des arrêts, comme un homme
qui, lancé sur une pente, s'accroche à des
branches pliant sous son poids. Vous ne vou-
liez pas vous avouer à vous-même vos incer-
titudes et, depuis longtemps, vous étiez engagé dans la négation, alors que vous affir-
miez avec énergie, jusqu'au moment où, dans
une crise suprême, vous avez osé regarder en
face le désastre de votre foi. De l'absolu où
vous vous complaisiez, vous êtes entré dans
le relatif que vous n'avez plus abandonné.
Le petit coin d'où vous n'étiez pas sorti vous

apparaissait comme le seul endroit où on pût vivre heureux. Maintenant, après avoir beaucoup voyagé dans le monde intellectuel, ayant eu l'occasion de comparer diverses doctrines, vous comprenez que la vérité, au lieu d'être un héritage transmis de génération en génération dans un parti privilégié, est disséminée un peu partout, avec un mélange d'erreur, au-dessus des barrières artificiellement dressées par le dogmatisme.

Votre sincérité de chercheur anxieux devrait vous attirer des sympathies. Vous avez certainement celles d'une élite; mais vos anciens compagnons de croyance se détournent de vous comme d'un transfuge. Vous n'êtes à leurs yeux qu'un égaré dont ils parlent avec pitié, et, parce qu'il y a dans votre âme une sainte inquiétude provoquée par la passion de la vérité, ils disent que c'est une punition de Dieu.

Il vous est sans doute pénible d'être ainsi jugé; l'approbation de votre conscience vous dédommage. Dans des moments de défaillance, vous avez envié le sort de ceux qui se réfugient sous la tutelle d'une autorité soi-disant infaillible, pour ne pas errer indéfiniment à la poursuite d'une certitude toujours fuyante. Cette autorité, dès que vous l'examinez attentivement, est un appui qui s'écroule. En effet les prêtres des diverses Églises, avec une sollicitude qui devient hautaine, dès que vous manifestez des intentions de libre examen, vous considérant comme un malade, vous présentent le remède au nom de Dieu dont ils sont les interprètes. Malheureusement ils ne s'accordent pas entre eux; ils s'anathématisent réciproquement, ce qui diminuerait déjà votre confiance, si vous étiez enclin à la soumission. Les uns vous montrent l'Église miraculeusement instituée pour gouverner les âmes; d'autres la Bible littéralement inspirée; d'autres la personne du Christ révélée dans cette même Bible dont ils rejettent l'infaillibilité absolue. Lequel prendrez-vous pour directeur? Chacun vous propose son autorité. Puisqu'ils se contredisent, une seule est bonne, à moins qu'elles ne soient toutes suspectes. Montrons-nous accommodants. Arrêtons-nous à celle qui, fondée sur la tradition la plus ancienne, élève la voix avec plus de majesté. Sommes-nous plus avancés? De deux choses l'une: ou j'accepte sans discussion le dogme de l'Église et, dans ce cas, ma croyance n'a pas plus de valeur au fond que celle d'un mahométan soumis au Coran ; ou bien je veux faire usage de ma raison, je demande des preuves et alors j'aurais besoin, pour être absolument sûr de l'infaillibilité de l'Église, de croire d'abord à ma propre infaillibilité, car si je ne suis pas moi-même infaillible, comment saurai-je infailliblement que l'Église l'est ? On tourne dans un cercle vicieux. Aussi le prêtre avisé refuse, pour ne pas y entrer étourdiment, de discuter sur la vérité qu'il vous présente ; il ne la propose pas, il l'impose en vertu d'un droit divin. C'est à prendre ou à laisser. Commencez par croire ; on vous exposera ensuite les raisons de croire. Au degré d'indépendance où vous êtes parvenu, l'Église ne saurait plus vous être utile que par les vérités dont elle fournit une démonstration satisfaisante. Elle se range à la suite des autres docteurs dans la concurrence des opinions, d'autant plus impuissante qu'elle aspire davantage à dominer par la contrainte.

Vous voilà donc, mélancolique aventurier de la pensée, à une distance infinie de la foi passive, en quête d'une solution du problème de la destinée ! Vous êtes emprisonné dans votre ignorance, tourmenté par la nostalgie de la lumière. Si vous voulez vous fixer dans une opinion, pour ne pas errer sans cesse dans le doute, vous êtes assailli par des objections qui, vous saisissant à la gorge, vous obligent de côtoyer de nouveaux abîmes. Vous ne pouvez échapper à l'obsession de cette idée que vos arguments laissent absolument insensibles des millions de vos semblables et qu'ils puisent leur force dans une impression susceptible de s'affaiblir. Misère du chercheur ! Se sentir incapable de faire l'évidence dans les sujets les plus pressants, le libre arbitre, l'exaucement de la prière, l'Audelà ! Se perdre comme un naufragé dans le mystère des origines et des fins ! Ne voir partout, dans le vaste champ de la spéculation, que des hypothèses courbées comme des roseaux sous les vents tempêtueux de la contradiction !

J'oserai dire, noble meurtri, que votre doute angoissé est un hommage à la vérité. Vous ne l'aimeriez pas avec cette ardeur, si vous ne désespériez pas de l'atteindre. Comme vous paraissez infiniment plus respectable dans votre sincérité que tant de dévots tranchants dont le formalisme se scandalise de votre indépendance ! Ils sont, avec un zèle

amor, membres d'une Église à laquelle je
puis être fortement attaché par les liens du
cœur, parce que, sans avoir réalisé la perfection qui n'existe nulle part, elle professe un
idéal de sainteté dont mon âme est éprise.
Mais j'avoue, dussé-je froisser leur susceptibilité, que, si vous daigniez m'honorer de
votre sympathie, je préférerais vivre dans
votre intimité, moi, spiritualiste chrétien,
que dans celle de ces pharisiens à l'esprit
fermé, âpres défenseurs d'un credo de la vérité duquel ils ne sont pas toujours profondément convaincus, retranchés dans leur
dogme comme dans une tour crénelée d'où ils
lancent de vieux projectiles en général peu
dangereux, malgré l'intention malveillante.
Quand voudront-ils, sous l'inspiration du
Christ, donner à la piété un visage moins rébarbatif ? On dirait, à les voir, que la foi
réelle est nécessairement intolérante. Je
m'insurge avec véhémence contre cette opinion trop répandue. Dans ma déclaration de
principes, je l'affirme hautement, figure en
première ligne la maxime fondamentale qu'il
ne faut, sous aucun prétexte, attenter à la
dignité de la personne humaine. Or, vous
commettez un attentat contre cette dignité

toutes les fois que vous entrez par effraction dans l'âme de votre semblable pour en extirper ses idées et essayer d'y implanter les vôtres. C'est en vertu de ma foi que je suis résolument tolérant, ce qui ne m'empêche pas de prendre contre tous les fanatismes, qu'ils soient de droite ou de gauche, les précautions nécessaires pour garantir les droits de la raison. Ainsi donc le respect que nous professons pour la détresse de certains penseurs n'implique pas l'adhésion à leurs doutes: nous reconnaissons simplement qu'il y a chez eux une gravité qui devrait servir d'exemple à beaucoup de croyants trop légers.

CHAPITRE VIII

LES JUGEMENTS SUR LA VIE

Il n'y a pas un seul homme dont on puisse affirmer qu'il n'a jamais souffert. Il y a pourtant des gens qui disent : « Je suis heureux. » Êtes-vous de ceux-là? Je vous prends à partie.

Quel est votre âge? Si vous êtes jeune, votre propos n'étonne guère, car, à cette période d'inexpérience et de rêve, l'avenir s'étend indéfiniment, aplani et plein de promesses. Vous avez la vigueur, l'élan, l'insouciance et cette illusion de croire que vous ferez sans trop de peine ce que vos aînés ont tenté en vain. Les désabusés vous produisent une impression de trouble-fête qui, ayant sans doute un fâcheux caractère, devraient se taire au lieu d'éteindre l'enthousiasme des personnes bien disposées. Si, au contraire, vous êtes vieux, on s'explique moins votre langage, car il est impossible que vous ayez fait le tour de l'existence sans en apercevoir les aspects décevants. Quelles que soient les faveurs dont la destinée vous a comblé, la distance est énorme des résultats acquis à l'idéal entrevu. Mais enfin vous vous déclarez heureux : à quoi cela tient-il ?

Vous êtes apparemment dans une bonne passe. Il se produit en vous un phénomène très commun, l'aptitude à se duper soi-même. Les chagrins que vous avez éprouvés jusqu'à ce jour sont effacés de votre mémoire ; ceux qui vous attendent inévitablement, vous n'y songez pas. Vous ressemblez à un voyageur qui, ayant une longue route à parcourir dans un pays très inégal, ferait, avec des sensations exquises, une halte plus ou moins prolongée dans un vallon charmant. Il vient de traverser de rudes défilés, il n'y pense plus ; il sait qu'il va vers une région désolée, il n'y pense pas davantage. Parce que vous êtes plein d'une satisfaction, vous en parlez comme si elle devait durer toujours. Il y aurait de la cruauté à vouloir vous détromper.

On a néanmoins le droit de vous dire que,

si vous étiez constamment content, vous seriez un personnage peu intéressant. Lorsque nous voyons un fiancé radieux, le spectacle de sa félicité nous le rend presque sympathique. Il aura tant à souffrir plus tard qu'on peut bien ne pas lui marchander ces quelques instants d'allégresse. Mais représentez-vous un vieillard ayant la santé, l'aisance, les honneurs, des enfants convenablement établis, tout ce qu'il faut pour mourir en paix. Il serait inexcusable de se plaindre. Pourtant si, dans cette condition très enviée, il a une joie sans mélange, je le tiens pour un être inférieur, parce qu'il est profondément égoïste. Qu'il soit reconnaissant envers la destinée, rien de plus naturel ; mais il a le tort d'oublier que des misères innombrables gémissent autour de lui. Avec un cœur généreux, ne souffrant pas pour son propre compte, il souffrirait pour les autres. Il nie peut-être leur mal, ou parce qu'il ne sait pas le voir ou pour n'avoir pas à les plaindre. Dans les deux cas, son bonheur manque de distinction.

L'homme bon considère parfois comme un devoir de s'attrister. Il a trop de modestie pour croire que ses avantages tiennent exclusivement à ses mérites, alors que tant de justes sont dans les tribulations. Il rougit presque de son bien-être et il voudrait le justifier par beaucoup de compassion pour les infortunés.

Or vous n'aimez pas qu'on vous entretienne avec trop d'insistance des misères de la vie. Cependant vous assistez avec plaisir à une représentation dramatique, même lorsqu'elle vous arrache des larmes. Vous voyez sur la scène du théâtre, comme sur celle du monde, des situations compliquées aboutissant à des dénouements tragiques, des conflits de passions et d'intérêts où le faible tombe souvent victime de l'iniquité du fort. Si les personnages sont vigoureusement dessinés dans une série très logique de scènes saisissantes, vous avez les émotions de l'artiste que la beauté attire, même lorsqu'elle est terrifiante. Hors du théâtre, celui qui arrête votre attention sur des choses tristes vous semble déplaisant. S'il plie sous le coup d'une grande épreuve, vous tolérez par convenance qu'il épanche sa douleur ; il ne faudrait pas qu'il y revînt souvent, car vous le trouveriez malséant. Vous avez assez, pensez-vous, de vos ennuis, sans être importuné par ceux des autres.

On se détourne volontiers des pessimistes. Leur façon mélancolique d'envisager la destinée vous affecte désagréablement. Je sais qu'on se soulage quelquefois à cause de ses peines, en médisant d'un monde où les occasions de mécontentement sont si fréquentes ; néanmoins, sauf dans des circonstances exceptionnelles, les gens gais sont d'un commerce plus attrayant. Ce n'est pas qu'ils voient mieux les choses comme elles sont, parce qu'ils les voient ordinairement en rose ; ils vous crispent quelquefois par un parti pris de bienveillance universelle ; en somme, ils vous font envie, même lorsque vous les critiquez, et vous ne seriez pas fâché d'avoir cette puissance d'illusion qui rend l'existence plus supportable.

Ils n'ont pas tout à fait tort. Si les mauvais moments sont nombreux, la somme des bons est assez considérable et nous cherchons tous à l'augmenter en déployant dans cette tentative une ingéniosité que la passion du divertissement rend presque inépuisable. Toutes les facultés entrent en activité. Il n'y a pas une seule partie de votre organisme, très riche quoique borné, qui ne puisse devenir, grâce à des raffinements d'invention, une source de jouissances. Vous vous distinguez profondément de la bête, malgré votre parenté avec elle, par des délicatesses de l'âme qui ennoblissent jusqu'à un certain point vos sensations. Disons même, pour nous séparer d'un ascétisme inintelligent, que les plaisirs des sens, quand on en use modérément, sont légitimes. Pourquoi la nature les aurait-elle mis à notre disposition, avec des besoins qui nous y inclinent, si nous n'avions que le devoir de nous en priver? Ceux qui affichent le mépris des biens de la terre méritent en général qu'on suspecte leur sincérité. Ils prennent sournoisement leur revanche et, s'ils s'interdisent des agréments trop visibles, ils s'en procurent d'autres qui, pour être voilés, n'en sont pas moins réels. La sagesse consiste à garder la mesure, en ne perdant jamais de vue notre vocation d'hommes.

Vos plaisirs s'épurent pendant que votre âme s'élève; ils se multiplient même, car l'individu spirituellement bien doué a des jouissances insoupçonnées du vulgaire. Songez aux belles distractions que vous procurent les bons livres, aux délectations du savant pénétrant les secrets de la nature, au mathématicien enivré de raisonnements, au philosophe penché sur les grands mystères, aux ravissements du saint abîmé dans la contemplation de l'Éternel.

Aussi que de fois ne vous arrive-t-il pas, à vos heures d'optimisme, de bénir le sort qui vous dispense des bienfaits si variés ! Évidemment les pessimistes qui s'appliquent à dénigrer la vie devraient être éconduits avec des gestes d'impatience. Quelle singulière manie de gâter par des propos lugubres la quiétude de gens désireux de se réconcilier avec le destin ! Est-on plus avancé, quand on s'est saturé de lamentations déprimantes ?

On dit que le goût des distractions vient du besoin de s'étourdir. Allez dans une salle de spectacle ; vous y rencontrerez des gens qui s'amusent des péripéties d'un vaudeville désopilant, quoiqu'ils aient le cœur ulcéré par des chagrins domestiques ou qu'ils soient à la veille de déposer leur bilan. Ils font pour quelques instants diversion à leurs peines qui, à la sortie, les ressaisiront. On dit encore que vous vous divertissez pour échapper à l'ennui, et cela est vrai. Le travail, quand il n'est pas du surmenage, et les plaisirs, quand ils n'engendrent pas la satiété par la surabondance, sont des bienfaiteurs. Mais ce qui est vrai encore, c'est que vous vous divertissez parce que vous goûtez la joie de vivre. N'avez-vous pas été souvent frappé de la facilité avec laquelle le sourire apparaît sur des visages mouillés par les pleurs ? On dirait un rayon de soleil qui, perçant tout à coup la nue, répand, dans une éclaircie, sur la campagne assombrie par l'orage, une espérance pleine de grâce. Pourquoi est-on, surtout dans la jeunesse, si porté à chanter ? Il y a des chants mélancoliques dans lesquels on berce ses douleurs ; mais que de chants gais qui sont l'essor d'une âme heureuse de s'épancher ! L'alouette chante-t-elle pour oublier ses souffrances ? Si elle en avait, elle se ramasserait en boule sous la feuillée, immobile et silencieuse. Elle chante parce qu'elle est contente, sans se soucier de l'épervier qui la guette. L'homme chante de même sous la menace constante des contrariétés, de la maladie et de la mort. La joie lui est aussi naturelle que la douleur.

Dans la succession des plaisirs et des peines, de quel côté penche la balance ? Question à laquelle il est malaisé de répondre. Pour en faire un compte exact, il faudrait que, psychologue pénétrant, vous fussiez attentif à toutes les impressions dont votre âme est affectée, en les classant dans les deux catégories du bien et du mal, jusqu'à la fin de vos jours. Or il en est de votre propre histoire comme de celle de la société ; vous en oubliez les détails dès qu'ils sont passés et vous ne conservez guère que le souvenir des événements les plus frappants, sans songer à les enregistrer pour savoir ensuite, par un calcul rigoureux, si vous avez plus de motifs de vous plaindre que de vous réjouir.

Cependant c'est une opinion accréditée qu'il y a des gens plus malheureux que d'autres. Vous pensez peut-être en ce moment à tels de vos semblables sur qui le guignon s'acharne, quoi qu'ils fassent pour parer ses coups, tandis que des chanceux moins méritants réussissent dans toutes leurs entreprises. On dit de ceux-ci qu'ils sont nés sous une bonne étoile. Se montrent-ils reconnaissants envers la destinée qui les a, relativement du moins, choyés? Ce n'est pas sûr. L'habitude les rend presque insensibles à leur prospérité et, n'ayant pas certains soucis, ils s'en créent quelquefois, au sein de l'abondance, d'imaginaires qui ne sont pas moins dévorants. Il leur suffirait, pour les bannir, d'être en butte à des malheurs véritables, la perte de leurs rentes ou la mort d'un enfant. Alors, oubliant qu'ils avaient geint trop souvent mal à propos, ils s'écrieraient : « Combien j'étais heureux ! »

Rien de plus étrange que ces méprises de la mémoire. Hier, sous l'empire d'une rage de dents, vous disiez : Que la vie est atroce ! Aujourd'hui, ne souffrant plus, vous dites avec une égale sincérité : Que la vie est douce ! Chaque fois l'impression dominante revêt un caractère d'infinité. A de très petits intervalles, vous envisagez le monde de points de vue tout différents. Vous êtes comme submergé. Vous n'apercevez que les vagues qui vous secouent, en vous cachant le ciel azuré et le rivage prochain. Vous êtes effaré, plus d'espoir, et, quand vous arrivez enfin sur la plage, un autre infini vous pénètre, celui de l'espérance. La nature a changé complètement d'aspect.

Il est donc difficile, dans ces fluctuations de l'âme, d'établir un compte exact de nos pertes et de nos gains. Le pourrions-nous, à quoi cela nous servirait-il ? Le nombre des impressions agréables, supposons-le, dépasse dans votre existence celui des désagréables : cette question de quantité n'est-elle pas secondaire ? Il suffit d'une grande épreuve pour faire oublier une longue période de félicité ; il suffit d'une joie intense pour effacer la trace de l'adversité. Il n'est pas moins vrai que le bonheur nous semble une chose naturelle, tandis que tout notre être se révolte contre la souffrance. Les métaphysiciens, dont il ne faut pas trop médire, car ils se donnent beaucoup de peine pour expliquer souvent l'inexplicable, vous soutiendront, certains du moins, que le mal est un moindre bien, une simple imperfection. Vous souffrez, parce que, si vous ne souffriez pas, vous seriez parfait, et la perfection n'est pas de ce monde. Sans nier l'excellence de ce raisonnement, ce que je vois de plus clair dans mon mal, c'est son absurdité. Quand je sors de table, après avoir dîné de bon appétit, par une belle journée de printemps, je sens en moi, dût-on m'accuser d'être un vulgaire épicurien, une satisfaction profonde, et, philosophe ou non, j'ai la conviction que cet état, conforme à mes désirs, l'est aussi à la raison amie de l'ordre. Volontiers je m'en accommoderais. Nul, à moins qu'il n'ait l'esprit faussé, ne me blâmera de prendre des précautions pour éviter la maladie. S'il se produit un dérangement dans mon organisme, je cherche à y rétablir l'harmonie, et, en attendant, je pousse malgré moi, lorsque la douleur est trop vive, des gémissements. Le cri de la douleur, sensément interprété, signifie ceci : « J'ai actuellement des sensations que je n'aurais pas, si les affaires de ce monde allaient d'un train plus régulier. »

De là vient que d'ordinaire la souffrance nous affecte plus fortement que la joie. Sans doute vous goûtez parfois des joies si intenses qu'elles se détachent, en traits éclatants, sur la trame de l'existence. Se reproduisent-elles trop fréquemment, vous n'y êtes plus aussi sensible. Un miséreux invité à un repas modeste se régale beaucoup plus qu'un ministre obligé par sa fonction de présider souvent de somptueux banquets. Qu'un individu soit atteint d'une gastrite, il a beau souffrir depuis des années, il ne s'y habitue pas, et les moments de relâche, quoiqu'ils soient particulièrement agréables, ne lui font pas aimer sa maladie dont il se débarrasserait sans hésiter, dût-il ne plus jamais connaître les douceurs de la guérison. Il attache infiniment plus de prix à la santé et pourtant il en jouit sans y faire attention. Il n'en connaît, il est vrai, tout le charme qu'après en avoir été privé ; il aime mieux ne pas penser à son bonheur que d'en être informé par des souffrances qui lui arrachent des hurlements.

Quelle opinion convient-il donc d'avoir de la vie ? Chacun en juge avec son caractère triste ou gai, à moins, ce qui n'est pas impossible, qu'on ne professe en théorie l'optimisme avec un penchant vers le pessimisme. Ils ne sont pas rares les gens qui, férus d'une idée, la préconisent au moment même où ils la renient par leurs actes. On se dit satisfait de sa destinée sur le ton d'un homme qui en aurait une très mauvaise opinion. En réalité, nous sommes optimistes ou pessimistes selon les circonstances ; mais on donne le nom d'optimiste à celui dont la tendance habituelle est de voir le bon côté des choses, tandis qu'on appelle pessimiste celui qui, insistant sur les défectuosités de notre monde, met dans sa conduite la note dominante du découragement. Quoi qu'il en soit, les plaintes ne sont que trop justifiées.

CHAPITRE IX

LA RÉVOLTE CONTRE LE DESTIN

Soyons généreux, et qu'on vous fasse la part très belle : vous êtes ce qu'on appelle, en langage vulgaire, un philosophe, prenant les hommes et les choses comme ils sont, facilement résigné quand ils ne répondent pas à votre attente. Aussi s'accorde-t-on à vous reconnaître un caractère des plus raisonnables. A quoi bon s'indigner contre les faits? Cela ne change rien à la marche des événements. Vous n'y gagneriez que d'aigrir vos maux par un sentiment plus amer de votre impuissance. D'ailleurs, si je ne me trompe, vous croyez au gouvernement de la Providence et la conviction que le bien finira par triompher dans l'Au-delà vous aide à supporter les misères de cette vie.

Cependant des nuages assombrissent quelquefois votre ciel ordinairement si pur; dans le cas contraire, vous auriez atteint l'idéal de la sainteté et vous êtes trop intelligent pour tolérer qu'on vous suppose parvenu à cette hauteur. Plus que d'autres moins bons, vous pratiquez l'humilité, et, pendant qu'on vous loue, vous vous accusez. Que de fois, au milieu de vos souffrances, ne vous êtes-vous pas étonné des rigueurs du sort? S'il en était autrement, vous seriez un ange. Vous demandiez à Dieu des forces, en gémissant d'être si cruellement atteint, mais sans aller jusqu'à la révolte.

Avez-vous toujours eu cette belle résignation? On trouve certainement chez vous des impatiences comme il y en a chez les hommes dépourvus de piété, avec cette différence qu'elles sont dans votre âme une rareté dont on a lieu d'être surpris. Hélas! pour transformer un saint en un pécheur ordinaire, il suffirait de donner à des traits de son caractère plus de continuité, tant il est vrai que nous avons tous de nombreux points de ressemblance.

Il vous arrive, quand vous êtes absorbé pa des impressions pénibles, de vous plaindre en quelque sorte passivement, atterré comme l'animal qui exhale sa souffrance, sans y mettre aucune idée. D'autres fois, vous allez, sous la poussée de l'exaspération, jusqu'à l'athéisme. La foi qui vous avait soutenu se dissipe ; il ne vous reste que l'insurrection et, semblable au fauve qui se heurte aux barreaux de sa cage, vous vous débattez frémissant contre l'inflexible destin que vous maudissez, pour retomber ensuite sur vous-même dans l'abattement de la défaite. Qui sait si vous n'avez pas eu des crises d'imprécation contre la divinité, soulagé de vous en prendre à quelqu'un ! On voit alors la faible créature se redresser en face du Maître de l'Univers. Le blasphème jaillit de ses lèvres crispées en un jet d'impiétés, sous la forme de jurons, pour assouvir sa fureur par la grossièreté croissante du langage. Cet épanchement de colère lui procure une détente, surtout dans les petites contrariétés, car, dans les très grandes, on est plutôt déprimé. Ainsi l'âme tourne à tous les vents avec une étonnante facilité, en quelques instants, jusqu'à en devenir méconnaissable.

Votre foi est-elle un abri assez solide pour que la bourrasque, dans la violence de son déchaînement, n'y pratique pas des fissures par où le désespoir tombe sur vous? N'avez-vous pas été, en maintes occasions, dégoûté de la vie? A celui qui essayait de vous réconforter par la perspective de compensations au delà de la tombe, vous répondiez tristement avec résolution : « Je ne voudrais pas avoir à recommencer l'existence. Sera-t-on mieux ailleurs? C'est assez d'une fois ! » L'anéantissement total vous paraissait préférable. Il serait si bon de s'endormir pour toujours d'un sommeil sans rêves, après des années que les chagrins ont faites démesurément longues ! Sans approuver le suicide, vous avez dans ces circonstances la mentalité de ceux qui attentent à leurs jours.

Est-ce à dire que vous accueilleriez la mort délibérément, si elle s'offrait à vous? Vous feriez tout ce que vous pourriez pour l'éloigner. Il n'y aurait peut-être pas de malade plus douillet. Et cependant vous avez proféré ce cri: « Il vaudrait mieux n'être pas né ! »

Beaucoup de prétendus chrétiens ne sont pas plus fermes dans la tempête que des mécréants. Ils jouent par habitude, sans qu'on ait le droit de les traiter d'hypocrites, le rôle de la résignation ; mais, sous les formules consacrées de la dévotion, on entrevoit la peur. Ils se demandent avec effroi quel est le sens d'une destinée si précaire. Naître, grandir, décroître et toujours lutter, jusqu'à la crise finale où il ne reste plus de cette agitation, souvent très vaine, qu'un peu de matière qu'on s'empresse, pour n'en être pas incommodé, d'enfouir dans le sol ! Est-il une condition plus misérable ?

Sans doute l'homme a la faculté d'ennoblir sa destinée par toutes sortes de bonnes œuvres, d'où il résulte que la vie vaut vraiment la peine d'être vécue. Rien de ce qu'il fait ne se perd, les moindres vertus prenant place dans un ensemble à la majesté duquel elles contribuent. Mais, s'il y a un Être suprême capable d'en goûter l'imposante unité, celle-ci existe-t-elle pour nous, pauvres atomes ? Ballottés sur l'Océan, nous n'avons guère d'autre horizon que celui des vagues au-dessus desquelles nous ne nous élevons pas pour jouir du spectacle de l'immensité. Ainsi pensent beaucoup de naufragés, en répétant la parole d'un spéculateur ruiné : « La vie est une affaire qui ne couvre pas les frais. » La nature semble se contredire, puisqu'elle a mis en nous des tendances dont aucune n'a abouti, quand nous mourons. C'est une faillite. Et l'on se pose la question : Que sommes-nous donc venus faire dans ce monde ?

Il a les apparences d'un lieu de détention où les forçats ont parfois des accès de gaieté. A considérer les misères dont l'existence est pétrie, ne dirait-on pas que nous subissons un châtiment infligé par un juge mystérieux en punition d'un crime plus mystérieux encore ? Emprisonnés dans la pauvreté, ou dans des travaux fastidieux, ou dans un corps débile, avec quel élan ne s'évaderait-on pas ! Il faut traîner son boulet, heureux quand il n'est pas trop lourd. Pourquoi ? Point d'interrogation sinistre qui se dresse devant la raison avec une stature de géant sévère ! Où est le responsable de mes maux ? Est-ce moi-même ? Est-ce un autre ? N'est-ce personne ? Quelle nuit ! Si je pouvais découvrir un sens à la souffrance !

CHAPITRE X

DIEU ET SATAN

Nous sommes sur le bord d'un abîme au fond duquel nous ne voyons que du noir. Le plus souvent, semblables à des somnambules, nous le longeons sans broncher ; parfois nous nous réveillons, la réalité nous apparaît et le vertige nous saisit. Sont-ils nombreux les hommes qui se rendent compte des difficultés, les formulant avec précision, capables de mener loin un raisonnement à travers des objections nettement posées et franchement résolues ? La plupart n'ont guère que des idées vagues, bégaient des explications confuses et s'arrêtent brusquement, comme s'ils arrivaient devant un mur infranchissable. Le penseur ambitionne de faire un peu de clarté dans les ténèbres de son intelligence. S'il ne peut pas y parvenir, il veut du moins en savoir la raison, dût-il perdre son repos, car la vérité lui est plus précieuse que le bien-être. Il éprouve une austère satisfaction à envisager sous ses divers aspects le problème de la destinée, sans aucun parti pris de se calfeutrer dans une solution, de peur de s'appauvrir, s'il ne cherchait pas à accroître continuellement son trésor spirituel d'opinions puisées à toutes les sources.

Le mystère est notre élément. Que savons-nous de notre corps ? Que savons-nous de l'esprit ? Demandez-le aux physiologistes et aux psychologues. La foule les juge très éclairés et ils vont à tâtons, une petite lanterne à la main, dans l'obscurité d'une mine. Ignorant des créatures qui vivent en nombre incalculable sur la terre et dans les mers, je ne le suis pas moins de moi-même. Et tous ces soleils semés dans l'espace où les accompagnent des planètes ? Et ces mondes que n'atteignent pas les télescopes les plus puissants et qui suivent leur voie loin du nôtre à des distances inimaginables au delà desquelles l'étendue fuit toujours ? Et l'infiniment petit aussi vertigineux que l'infiniment grand ? Et cette matière insondable, réservoir immense de forces inconnues ?

Les choses sont en partie ce que je les fais avec mon entendement. Voyez ce point tracé à la fin de cette phrase. Il est minuscule. Si vous le regardez au microscope, il vous paraît considérablement plus grand ; si vous aviez les yeux constitués autrement, il serait différent. Vous ne le connaissez donc que dans sa relation avec vos organes. Mettez cette feuille dans un tiroir où personne ne l'aperçoit ; le point n'a pas cessé d'être, mais vous ne pouvez pas vous faire la moindre idée de ce qu'il est, maintenant que vous n'êtes plus là, dans la lumière du jour, avec votre sensibilité, pour le transformer en un phénomène adapté à vos moyens de connaître. On a l'air de raisonner sur une vétille et on agite le plus grave des problèmes, parce que, dans la question du fond de l'être, le moindre détail a sa majesté. Ce point tracé avec de l'encre est de la matière. Si je m'en éloigne d'un mètre, je ne le distingue plus ; il n'en est pas moins une quantité susceptible d'être divisée en un nombre prodigieux de parties et ces parties, ne pouvant être en nombre infini, puisque le nombre infini implique contradiction, la division aboutit logiquement à quelque chose d'incompréhensible, l'atome. Celui-ci, caché dans les profondeurs de la matière, inaccessible à nos sens, est, lui aussi, un phénomène n'existant qu'à la condition d'être perçu. La perception d'un phénomène n'allant pas sans un esprit qui perçoit, il en résulte que la nature est tout entière pénétrée d'esprit. Les atomes figurent dans un ensemble qui forme l'Univers et cet Univers est, dans sa totalité, un phénomène perçu par un Esprit. Parti de ce qu'il y a en apparence de plus insignifiant, un simple point, me voici parvenu à Dieu, l'Être des êtres, abîme où ma raison se perd, source de vie dont je suis une émanation.

La suprême Intelligence se manifeste à nous par les œuvres de la création où chaque détail occupe la place qui lui a été assignée dans un organisme régi par des lois. De la considération de cet ordre je m'élève logiquement à l'idée d'un Ordonnateur poursuivant un but d'après le plan qu'il a conçu. S'il me vient un doute, je n'ai, pour raffermir ma conviction qu'à faire un retour sur moi-même. Ne suis-je pas une volonté constamment appliquée à des actes sous la direction d'une raison plus ou moins éclairée? Cette raison, je la tiens de la Nature, et comment celle-ci me l'aurait-elle donnée, si elle n'en était pas pourvue ?

Or il est essentiellement raisonnable que, dans la marche des choses, les moyens soient adaptés aux fins, car, dans le cas contraire, l'ordre n'existerait pas et le monde s'en irait à l'aventure dans un chaos lamentable. Aussi me représenté-je le Grand Ordonnateur sous les traits d'un père qui met avec bonté sa puissance au service de la justice, afin d'établir le règne de l'harmonie. Ne serait-il pas étrange qu'il vous fût en un sens inférieur ? Quelle est votre conduite à l'égard de vos enfants ? Vous vivez de leur vie ; il ne se passe rien d'important dans leur destinée qui n'ait son retentissement dans la vôtre. Sans les élever avec mollesse, vous voudriez, autant qu'il dépend de vous, leur épargner toutes les impressions pénibles qui ne contribuent pas à les rendre meilleurs. S'engagent-ils dans une mauvaise voie, vous les avertissez de leur égarement, et, si les conseils sont insuffisants, vous leur infligez des punitions proportionnées aux fautes, pour ne pas les pervertir davantage en les révoltant justement. S'amendent-ils, vous passez avec bonheur de la sévérité à l'indulgence. Vous évitez de les rendre jaloux les uns des autres par une inégale répartition de vos soins. Pour donner de l'autorité à vos leçons, vous surveillez votre conduite dont ils saisissent promptement, quoique distraits, les contradictions, et ils contribuent ainsi à votre propre éducation par le besoin que vous éprouvez de travailler à la leur. Cependant, quelle que soit l'excellence de vos intentions, il vous reste toujours un regret de n'avoir pas été à la hauteur de votre tâche, souvent négligent, ou trop rigoureux, quand il aurait fallu user de patience, et trop faible, quand la fermeté eût été nécessaire. Il n'est pas moins vrai que, tout en vous trompant, vous poursuivez le bien de votre famille.

La Nature se conduit-elle à votre égard avec cette tendresse? En priant le Père céleste, vous lui attribuez instinctivement les facultés d'une personne idéale, l'intelligence, la justice, l'amour avec un pouvoir assez grand pour n'avoir jamais à déplorer ses actes. Il semble donc que la Création devrait refléter la perfection du Créateur. Comment se fait-il que notre monde laisse tant à désirer ? Il y règne assurément, jusque dans les parties les plus défectueuses en apparence, un ordre attestant l'action d'une force qui tend vers un but. Mais dans cet ordre quel désordre, s'il est permis d'en juger par les gémissements des créatures ! Le moyen de concilier l'existence de Dieu avec celle d'un monde pareil ? S'il est tout-puissant, il n'est pas bon ; s'il est bon, il n'est pas tout-puissant. La raison, amie de l'ordre, se débat dans ce dilemme.

Pour en sortir, certains penseurs font intervenir dans le fonctionnement de l'univers une personnalité qui représente le principe du mal en lutte avec celui du bien : c'est Satan, l'auteur responsable de toutes les calamités.

Le nombre de ceux qui croient à son existence a si considérablement diminué que nous assistons presque à l'évanouissement de son prestige jadis immense. Son empire n'est guère resté florissant que chez les sauvages constamment dominés par la pensée d'êtres invisibles qui les entourent, les uns doux, les autres méchants, avec une tendance à honorer plutôt ceux-ci, parce qu'ils les redoutent, tandis qu'ils n'ont rien à craindre de ceux-là. Au moyen âge, Satan occupa l'imagination des hommes autant, si ce n'est plus, que Dieu. On était obsédé par l'idée qu'il rôdait sans cesse autour des pauvres mortels, prenant plaisir à les tenter pour les perdre, hideux avec des pieds fourchus de bouc ou des sabots de cheval, une queue, des cornes au front, la lèvre lippue, le corps tout velu. On soupçonnait même des individus, les sorciers, d'entretenir un commerce avec lui. Aussi les traquait-on impitoyablement. On en fit périr des milliers, des hommes, des femmes, jusqu'à des petits enfants. Notre Jeanne d'Arc, condamnée selon la loi par un tribunal ecclésiastique, figure au premier rang dans cet interminable martyrologe dont les deux derniers exemples eurent lieu à Séville en 1781 et à Glaris en 1783. Louis XIV, en 1675, voulut adoucir cette législation, en remplaçant le bûcher par la réclusion perpétuelle; le Parlement de Rouen, inquiet d'une mesure qu'il considérait comme un danger pour la société, fit des remontrances. On ne se représente guère aujourd'hui le Sénat ou la Chambre des députés discutant sur le diable et votant la peine de mort contre ses suppôts. Félicitons-nous de ce que Satan est tombé dans une déconfiture qui semble bien irrémédiable, malgré les efforts du catéchisme pour le relever, d'autant plus qu'il ne moralisait guère les gens qu'il terrifiait. Sous sa domination, on était plus préoccupé de se soustraire à des supplices par des pratiques de dévotion que de se mettre en règle avec la conscience par des actes de désintéressement.

L'existence des démons, quoique problématique, n'est pas logiquement inadmissible. Pourquoi n'y aurait-il pas dans l'invisible des êtres malintentionnés comme il s'en trouve sur la terre? Mais Satan, leur chef, s'il existe, ne nous sert pas à résoudre notre problème. Il faudrait, pour lui attribuer toute la responsabilité des désordres de la nature, démontrer que sa puissance égale celle de Dieu. Il en résulterait alors que Dieu, voulant le bien, s'est vainement opposé à ce qu'il fît le mal. Les voilà donc rivaux.

Ici surgit une difficulté. Lequel des deux a précédé l'autre? Dieu, selon les adeptes du dogme traditionnel, est éternel, car, s'il ne l'était pas, il serait sorti, un jour, du néant, sans raison. En effet rien n'existant, d'où serait venue l'idée de le susciter? Dira-t-on qu'il a jailli spontanément au sein du chaos qui n'avait pas eu, lui, de commencement? Il aurait fallu que l'universelle confusion enfantât, sans intention, on ne sait comment, par l'effet du hasard, un Être souverain qui serait devenu la cause intelligente de l'arrangement de l'univers. Il semble plus rationnel, quoique incompréhensible, que Dieu réalise l'infini de l'espace et du temps. Il n'évolue pas, il est la stabilité dans la perfection de la connaissance et de la puissance.

S'il existe de toute éternité, en qualité d'organisateur du monde, c'est à lui nécessairement que Satan doit de vivre, comme tous les êtres de la Création. Admettons qu'il fut, avant de devenir le génie du mal, un ange de lumière, et que, s'étant librement révolté par orgueil, il est tombé, victime de sa faute, dans cet abîme de perversité, avec le pouvoir de déchaîner sur notre planète une multitude de maux, tremblements de terre, inondations, sécheresse, cyclones, épidémies. Pour nous, si petits, le monde est incommensurablement grand. Que sommes-nous au milieu des éléments en fureur? Un fétu que le vent emporte. Cependant, malgré notre infirmité, nous avons assez de force pour introduire certains troubles dans la marche des choses. Supposons qu'à l'origine de notre monde il s'est trouvé un être infiniment supérieur à l'homme qui a, dans sa malfaisance, détraqué le mécanisme de la nature. Sommes-nous plus avancés? Dieu, en créant Satan, ne savait-il pas qu'il pouvait devenir affreusement nuisible? Que Satan se soit nui à lui-même, rien de plus juste; que toutes les créatures sensibles, hommes et animaux, souffrent avec lui et par lui, n'est-ce pas surprenant? Pourquoi Dieu, dans sa sagesse, ne l'a-t-il pas empêché d'être à ce point dangereux? Capable de produire l'univers, ne l'était-il pas de mieux organiser la partie relativement infime sur laquelle se déroule notre destinée?

Le problème n'est pas résolu; cherchons ailleurs.

CHAPITRE XI

AVONS-NOUS MÉRITÉ TOUS NOS MAUX ?

Je voudrais pouvoir me persuader que les maux dont je souffre, avec excès parfois, proviennent tous de mes fautes, car, dans ce cas, n'accusant que moi-même, je posséderais la solution du problème qui me tourmente.

Le bon sens vous dit qu'une plus grande sagesse vous aurait épargné bien des tribulations. Plus tempérant, vous n'auriez pas usé votre santé ; plus économe, vous seriez moins dans la gêne ; plus réservé dans vos propos, vous ne soulèveriez pas contre vous autant d'inimitiés ; plus appliqué à vos devoirs, vous goûteriez la paix de la conscience. Très certainement, s'il vous était donné de recommencer la vie, avec l'expérience que vous avez acquise à vos dépens, vous éviteriez de nombreux écueils.

Cependant vous protesteriez, si on vous accusait au delà de certaines limites. Rien de plus malaisé d'ailleurs que de marquer où commence la responsabilité, où elle finit.

Les hommes croient au libre arbitre éperdument. Vous en faut-il une preuve, vous la trouverez dans votre promptitude à charger de reproches vos semblables. Il ne se passe pas de jour sans que vous fassiez des réquisitoires contre quelqu'un : « C'est sa faute ! Tant pis pour lui ! Que n'agissait-il autrement ! »

Vous êtes assurément un esprit très judicieux; mais, comme vous participez à l'imperfection commune, on a le droit, sans aucune mauvaise intention, de se demander s'il n'entre pas souvent un peu de légèreté dans vos jugements. Il n'y a guère de coupables en faveur de qui on ne puisse invoquer des circonstances atténuantes. Votre amour-propre s'accommode plus volontiers des condamnations sommaires, soit qu'elles vous fournissent une occasion de vous grandir par la comparaison, soit qu'elles satisfassent un penchant à la malignité sournoisement caché au fond de votre cœur. Généralement on n'est pas indulgent sans se faire un peu violence et il est si agréable de se laisser aller sur une pente toute naturelle ! Quoi qu'il en soit, vous avez un irrésistible sentiment du libre arbitre, quand il s'agit du prochain, surtout dans les circonstances où vous y trouvez votre intérêt. Alors vous accusez sans modération.

Vous êtes à votre tour sur la sellette. Si vous pouviez assister invisible aux conversations de vos adversaires et même parfois de vos intimes, vous en entendriez de belles sur votre compte ! Vos yeux ne se voient pas ; votre âme ne se voit guère mieux, à moins que la réflexion aidée par l'humilité ne la rende très perspicace. Vous apprendriez, par les propos des médisants qui ne sont pas toujours des calomniateurs, une foule de détails que vous croyez ignorés du public, grâce à vos précautions, et qu'on répète partout, alors que vous vous produisez très rassuré dans les salons ou sur la promenade. Il est fort étrange que vous ne vous en doutiez pas, puisque vous êtes si admirablement renseigné sur les autres. Si, d'aventure, on vous adresse des compliments, vous les enregistrez précieusement, avec la conviction qu'ils sont bien mérités ; les appréciations déplaisantes, vous les attribuez à la malveillance, ou, s'il vous est difficile de ne pas y trouver le moindre fondement, vous découvrez des excuses, vous vous réfugiez dans une espèce de brouillard où vos torts disparaissent, et il ne vous reste guère qu'une irritation bientôt transformée en vanité.

Néanmoins, l'homme étant pétri de contradictions, si quelqu'un s'avisait de vous louer sans mesure, en vous félicitant d'être absolument irrépréhensible, vous le regarderiez avez étonnement, très persuadé qu'il se moque de vous. Il vous est fréquemment arrivé de vous écrier sur un ton de défi : « Je n'ai rien à me reprocher ! » mais ce n'était qu'une façon de parler, en réponse peut-être à des accusations excessives, car si vous aviez le parfait contentement que permettrait de supposer cette affirmation prise à la lettre, vous seriez un vulgaire imbécile, ce qui n'est certes venu à l'esprit de personne.

Non seulement vous éprouvez des regrets, en récapitulant votre passé; vous sentez aussi l'aiguillon du remords. Lorsque vous regrettez simplement d'avoir accompli tels actes dont les conséquences sont fâcheuses, vous vous en prenez à votre esprit borné qui ne saurait tout prévoir, et vous dites avec tristesse : « Ah, si j'avais su ! » Au contraire, lorsque vous êtes travaillé par le remords, vous vous reprochez d'avoir, le sachant et le voulant, désobéi à votre conscience ; la tristesse devient la honte et vous courbez la tête sous le châtiment. « Que j'ai eu tort ! » dites-vous dans ce cas.

Il n'empêche que vous vous conduisez sans cesse comme si vous croyiez à une entière responsabilité chez les autres et à une responsabilité limitée chez vous. Serait-ce parce que vous avez le sentiment confus des diverses influences qui agissent dans votre âme, le plus souvent à votre insu ? Votre caractère a, comme votre visage, une physionomie particulière qui s'est accusée, dès la plus tendre enfance, avant que vous fussiez à l'âge de raison. Un observateur pénétrant et renseigné y distinguerait des traits combinés de vos ascendants. Le milieu, l'école, la profession, la race, le climat ont apporté leur contingent dans la formation de vos idées qui deviennent les motifs de vos actions. Voilà pourquoi vous appréciez la conduite d'un repris de justice élevé par des parents dénaturés autrement que celle d'un fils de famille éduqué par une mère chrétienne. Telle licence de langage qui vous fait sourire dans la bouche d'un commis voyageur vous offusquerait gravement dans celle d'un évêque. Vous excusez chez un Dahoméen des régals d'anthropophage que vous jugeriez avec sévérité chez un membre de l'Académie des Sciences morales. Vous n'appliquez donc pas la même mesure à tous les individus.

Vous voyez combien il est malaisé de fixer la responsabilité des coupables. On est même exposé à la voir s'évanouir, quand on s'appesantit trop sur cette difficulté. Le libre arbitre est en quelque sorte insaisissable. Dès qu'on veut l'expliquer, il vous échappe. Et pourtant vous en affirmez à chaque instant l'existence. C'est une force mystérieuse, un je ne sais quoi spontané et original qui, avec l'instantanéité de l'éclair, jaillit, en produisant des effets indéfiniment étendus dans notre vie déterminée à tant d'égards, et, une fois réalisé, fait partie d'un ordre rigoureux. S'il n'est qu'une illusion, la Nature nous leurre étrangement ; mais, en le niant, on nie l'homme. On vous attend à ce tournant de la route. Oseriez-vous soutenir que vous êtes seulement un animal élevé de plusieurs degrés au-dessus du chimpanzé ? Vous vous reconnaissez astreint à observer des règles de morale, et, quelles que soient les subtilités de la métaphysique, vous continuez de respecter le bon sens. Les philosophes les plus obstinément opposés à la doctrine du libre arbitre se contredisent sans cesse. Essayez de dérober leur porte-monnaie ; ils crieront au voleur avec une réprobation non simulée, vous accusant comme ferait le moins spéculatif des épiciers. Aucun risque qu'ils vous jugent digne d'être enfermé dans un asile ; c'est bel et bien de la prison qu'ils vous déclarent passible.

Vous avouez donc que vous avez quelquefois agi de manière à vous attirer légitimement des maux. Vous vous en prenez alors à vous-même, quoique vous soyez incapable d'établir avec une précision absolue la part qui revient aux circonstances.

Il n'est pas moins vrai que vous éprouvez un grand nombre de souffrances dont il serait injuste de chercher la cause dans des fautes commises par vous, si l'on ne considère que l'existence présente. Il y a presque du ridicule à essayer de le prouver ; mais, quand on pose un problème, il ne faut négliger aucun de ses éléments. En réalité, vous n'êtes pas l'auteur responsable de tous les maux qui vous assiègent. Il fut un temps où vous n'aviez que des instincts avec de vagues lueurs d'intelligence. Nul ne songeait à vous faire des reproches, pas plus qu'on n'en fait à un oiseau agité dans sa cage. Peut-être, lorsque vous pleuriez trop pendant la nuit, une nourrice impatientée vous a-t-elle battu, comme pour vous punir de troubler son sommeil, en s'irritant de votre prétendue méchanceté. N'y a-t-il pas des gens qui, s'étant heurtés à une porte, lui donnent rageusement des coups de pied? Ils ont des accès de colère contre des bêtes auxquelles ils seraient violemment froissés qu'on attribuât une raison semblable à la leur. Quoique vous fussiez dans l'âge d'innocence, vous poussiez des cris de douleur. Vos sensations n'avaient pas probablement l'acuité qu'elles ont maintenant. Votre visage devenait vite souriant, surtout après une bonne prise de lait; vos larmes, dans des crises de coliques ou de dentition, attestaient, s'il est permis d'en juger selon les analogies, que vous souffriez et le problème du mal se posait à votre sujet exactement dans les mêmes conditions que pour les animaux dont on ne peut affirmer qu'ils supportent les conséquences de fautes commises par eux.

Depuis cette époque où des parents pleins de sollicitude se sont appliqués à diminuer le nombre de vos peines, vous en avez enduré une multitude contre lesquelles l'homme le plus exempt de vices ne saurait se prémunir. Que penser d'une chaleur étouffante qui vous accable, d'un froid aigre qui vous pénètre, d'une inondation qui ravage vos champs, d'un cyclone qui détruit votre habitation, d'un volcan qui ensevelit des villes, d'une épidémie qui décime une contrée, du venin d'un reptile qui tue en quelques instants? Quelqu'un disait après le désastre de Saint-Pierre à la Martinique : « Il ne fallait pas construire une cité dans le voisinage du mont Pelé ! » Ils avaient donc mérité leur sort les imprudents qui, séduits par la beauté du site ou encouragés par l'espoir d'y trouver des moyens d'existence, se fixèrent dans ces lieux où les retenaient peut-être les liens de la naissance ! Mais, pour fuir ce pays, il aurait fallu en connaître les dangers. Va-t-on nous faire un crime d'ignorer ce qui se passe dans les entrailles de la terre? On pourrait à l'infini citer des maux dont nous souffrons cruellement, sans que notre responsabilité y soit le moins du monde engagée avec évidence.

Et que dire des peines nous arrivant à la suite de bonnes actions? Vous connaissez des épicuriens qui coulent des jours heureux avec un médiocre souci de la morale, assez avisés pour mettre une sorte de sagesse dans le vice, en ce sens qu'ils se ménagent de manière à pouvoir durer longtemps, ne compromettant ni leur santé, ni leur fortune, ni même leur réputation. Ils valent moins que d'autres, en apparence plus désordonnés, qui laissent entrevoir, dans le tissu sali de leur conduite, des parties de qualité supérieure. Il existe donc des moyens de s'assurer des satisfactions dans des bas-fonds où vous ne voudriez pas séjourner. Essayez au contraire de vous élever à une haute vertu. Soyez noblement indigné des injustices de la société, défendez le faible, résistez au fort, votre héroïsme vous mènera-t-il au bonheur? Vous fournirez un beau sujet d'oraison funèbre à quelque discoureur qui se fera valoir sur le bord de votre tombe; en attendant, ceux qui vous loueront mort négligent de vous approuver vivant, si toutefois ils ne vous vilipendent pas. Vous avez, et c'est beaucoup, le contentement d'une bonne conscience ; mais, si vous avez sacrifié votre bien-être au devoir, vous n'en êtes pas moins une victime, et votre douleur imméritée pose avec intensité le problème dont nous cherchons la solution.

CHAPITRE XII

LA SOUFFRANCE EST-ELLE UTILE ?

Si la souffrance est inévitable, a-t-elle du moins une utilité qui justifie sa présence dans notre monde, malgré la plainte universelle dont elle est accompagnée ? Il y a incontestablement des cas où elle nous avertit de ne pas accomplir certains actes dont les conséquences seraient pénibles. Vous sortez par un temps froid ; vous éprouvez une sensation désagréable ; vous vous hâtez de rentrer pour mettre un vêtement plus chaud : vous prévenez de la sorte un rhume. Vous assistez à un copieux repas d'amis ; sans vous en apercevoir, tout en causant, alléché par le menu, la face déjà un peu enluminée, vous dépassez vos limites, d'autant plus exposé que vous êtes, il faut vous rendre cette justice, d'une sobriété exemplaire : il en résulte une fâcheuse indigestion qui vous invite à vous mieux surveiller une autre fois. Vous vous laissez aller sur le compte d'une personne à des propos désobligeants, sans prendre garde devant qui vous les prononcez ; on les lui rapporte, comme toujours en les dénaturant par malignité ou par défaut de mémoire ; vous ne tardez pas à sentir chez elle de la froideur ; cela vous affecte, parce qu'elle peut vous nuire : preuve qu'il est prudent quelquefois d'avaler sa langue.

Grâce à la rectitude de votre esprit, vous apprenez ainsi par les divers inconvénients qui vous arrivent à bien gouverner votre vie. Mais que d'individus, manquant de jugement, se jettent dans des excès dont ils entrevoient confusément les suites, sans être capables de s'arrêter à temps, parce que l'intérêt présent les domine ! On les dirait entraînés à leur perte par une espèce de folie. Sont-ils à plaindre ? Faut-il les blâmer ? A les voir se conduire avec tant d'inconscience, on serait tenté de croire qu'ils font le mal aussi naturellement que d'autres, placés dans les mêmes conditions, suivent la voie du bien. On est pourtant obligé, à moins de nier radicalement le libre arbitre, de les déclarer, jusqu'à un certain point du moins, justement punis de leurs écarts.

Néanmoins que de souffrances auxquelles nous ne pouvons pas nous soustraire, malgré la prudence la plus attentive! Vous avez des maladies, vous perdez de l'argent, vous êtes en butte à des calomnies, la mort dévaste votre foyer. Ces épreuves assurément sont indésirables; noblement supportées, elles contribuent à enrichir votre âme de vertus que, sans elles, vous n'auriez pas eu l'occasion de pratiquer, la résignation, la patience, le pardon des injures, l'empire sur soi-même. Les fruits les plus exquis de la sagesse mûrissent sur un sol travaillé par les chagrins. Sans les tourments de l'adversité la vie des saints aurait-elle sa grandeur? Combien n'y a-t-il pas de gens, morts dans l'obscurité après avoir vécu dans les peines, qui ont déployé sous les coups de l'infortune un mérite rare, de même que certaines plantes exhalent un doux parfum, quand elles sont foulées aux pieds par les passants!

Cependant, si les âmes d'élite sont purifiées par la douleur, on n'en peut dire autant d'une foule d'individus moins bien doués.

Vous ne soutenez pas contre l'évidence que tous les hommes, nés avec les mêmes aptitudes, sont capables de la même énergie. Il y a des enfants dont vous ne ferez jamais, malgré les soins des meilleurs maîtres, des artistes, des littérateurs, des savants ou des philosophes. Passé une limite qui varie suivant la qualité des esprits, leurs facultés ne se développent plus. Les leçons tombent sur des terrains différents, les uns très fertiles, d'autres susceptibles, quoique médiocres, de produire, avec une culture intense, de bons résultats, d'autres enfin si arides qu'il est impossible, quoi qu'on fasse, d'en rien tirer ou à peu près. Ce qui est vrai des intelligences ne l'est-il pas aussi des caractères ? Confiez certains enfants à des éducateurs consommés, vous les préserverez des pires excès ; on essayerait vainement d'en faire des héros du devoir. Et voyez les caprices de la nature ! Quelquefois des parents vulgaires ont des enfants distingués et on cite des vauriens élevés dans les familles les plus recommandables. Bien plus, des frères ayant grandi sous le même toit suivent des voies diamétralement opposées. Notre avenir dépend en partie des déterminations de notre volonté ; il n'est pas moins vrai que chacun de nous a sa physionomie morale dont les traits, permanents comme ceux du visage, se modifient avec les années en conservant leur type.

Or la souffrance provoque dans les petites âmes des sentiments inférieurs. Elles se laissent abattre, au lieu de réagir vigoureusement ; elles s'aigrissent, deviennent insupportables, jalousent les privilégiés du sort, blasphèment contre la Divinité ou se prosternent devant elle dans des supplications superstitieuses, tantôt révoltées avec fureur, tantôt soumises avec une espèce d'abrutissement, en somme plus enlaidies qu'épurées par les afflictions. Ce n'est pas toujours dans les bas-fonds de la misère que fleurissent la moralité et la piété. Si une grande prospérité incline souvent au dérèglement des mœurs par les facilités qu'elle offre de satisfaire les sens, un peu de bien-être assainit l'âme, en y maintenant un heureux équilibre. Quand nos besoins les plus légitimes ne sont pas contrariés, nous avons l'impression de l'ordre et la croyance au Grand Ordonnateur en est affermie, tandis que, dans les calamités, on en vient aisément à douter. Vous avez constaté des ébranlements de la foi chez des affligés qui s'efforçaient par de belles affirmations de continuer un rôle de croyants, sans qu'on eût le droit de les taxer d'hypocrisie, leur âme étant traversée par des courants contraires.

Et l'aliéné, puise-t-il dans la souffrance des moyens de s'améliorer? Les aliénés qui le sont par leur faute, comme les alcooliques, n'en parlons pas ; mais ceux qui le sont par une cause indépendante de leur volonté? Voici un malheureux en proie au délire des persécutions. Il est horriblement angoissé. Essayerez-vous de lui démontrer qu'il se trompe et que, dans sa triste condition, abandonné de tous, privé de la liberté, avec la seule espérance d'être bientôt délivré par la mort, il lui est loisible d'utiliser les ruines de sa raison pour en faire un bel assemblage de vertus? Ou vos raisonnements l'exciteront davantage, parce que, persuadé de la réalité de ses hallucinations, il vous prendra pour un conseiller malencontreux, un mauvais plaisant qui se divertit de sa misère; ou bien, s'il lui reste une lueur de bon sens, il conviendra que vous parlez merveilleusement, ce qui ne l'empêchera pas d'être aussitôt emporté par le tourbillon de ses idées erronées. C'est précisément sa souffrance qui lui interdit d'élever son niveau spirituel. Il n'est pas plus libre de réagir que la cime d'un peuplier ne l'est de rester immobile au sein de la tempête. Ce fait barre le passage à votre argumentation, de même que la souffrance du petit enfant dont la raison n'est pas si développée qu'il en puisse tirer un profit quelconque pour son perfectionnement, pas plus que l'animal d'ailleurs.

L'utilité de la souffrance, nulle dans ces cas, est contestable dans d'autres. Ce sage déploie dans une épreuve imméritée une énergie admirable. Il contribue donc par sa sublimité à entretenir dans l'humanité la flamme sacrée de l'idéal. Ce bien, hélas! n'arrive qu'à la suite de maux désolants. Socrate boit la ciguë, après avoir tranquillement discouru sur l'immortalité de l'âme : c'est un spectacle plein de majesté. N'eût-il pas mieux valu, pour l'honneur de notre espèce, qu'au lieu de tomber victime d'indignes ennemis dans un pays aveuglé par les préjugés, il mourût de mort naturelle, vénéré comme il le méritait? L'histoire des martyrs ne se fût pas enrichie de l'un de ses chapitres les plus émouvants; en compensation, nous n'au ions pas les laideurs qui ont rendu possible cette beauté. Et puis, que de vaillants empêchés par l'excès des peines de donner la mesure de leur valeur! La souffrance, loin de les grandir, les déprime. Tel penseur eût produit des œuvres propres à éclairer et relever les âmes qui a été stérilisé et comme anéanti par les soucis. Tel philanthrope, s'il eût été servi par une santé robuste, se fût consacré à des institutions de bienfaisance qu'il a forcément abandonnées. L'implacable et énigmatique Nature a saccagé leur destinée comme elle dévaste les campagnes par la grêle ou les inondations au moment des récoltes.

On dit encore que, si notre vie était totalement exempte de peines, nous ne connaîtrions guère le plaisir. Cette assertion fondée sur des faits d'où on tire des conclusions exagérées cache, sous des apparences de raison, une grave erreur.

Assurément quelques jouissances proviennent de nos douleurs. Harassé de fatigue, vous faites une halte sous de verts ombrages près d'une source : vous ne goûteriez pas la douce sensation du repos, si vous étiez moins recru. Vous confondez un ennemi qui vous a indignement calomnié et l'opinion publique, vous rendant justice, se retourne contre lui : cette réparation vous remplit d'aise. Vous avez été longtemps séparé d'un enfant ; il revient d'un pays lointain ; quelle joie de le revoir ! Dès que la peine a cessé, vous rentrez dans l'ordre et les ennuis sont promptement oubliés.

Ne pensez-vous pas cependant que le plaisir est parfois si chèrement acquis, qu'il vaudrait mieux être dispensé de grandes tribulations, malgré le bonheur accompagnant la délivrance ? Ne préférez-vous pas rester bien portant, sans presque vous en apercevoir, que de vous épanouir délicieusement au grand air, après avoir été cloué dans votre lit, pendant des mois, par un rhumatisme ? Généralement, à moins qu'on n'ait la passion de l'ascétisme en vue du paradis, on redoute tellement la souffrance qu'on essaie de la prévenir, quand on appartient à l'espèce des gens avisés. Les autres s'y exposent étourdiment, pour regretter ensuite, mais trop tard, leur sottise. Pourtant, si le plaisir n'était possible que par son contraste avec la peine, nous souhaiterions de légères épreuves pour éviter la fastidieuse monotonie d'un constant bien-être dont nous n'aurions pas le sentiment.

Sommes-nous vraiment dans cette alternative ?

Raisonnons, si vous le permettez, sur une modeste poire que votre ménagère, toujours désireuse de flatter vos goûts de gourmet délicat et averti, a apportée, ce matin, du marché, la croyant exquise. Elle n'a peut-être pas réfléchi, la bonne femme, que les objets s'offrent à son esprit en relation les uns avec les autres, sans quoi elle n'en aurait aucune connaissance. Juger c'est comparer, et comparer c'est distinguer les ressemblances et les dissemblances. Comment vous faites-vous une idée de cette poire ? N'est-ce pas en la rapprochant de poires et de fruits d'une autre espèce ? Vos sensations, vous ne les percevez nettement que par leur opposition à d'autres sensations.

Est-ce une raison pour que la peine soit l'inévitable condition du plaisir ? Ne peut-il pas y avoir des gradations dans le plaisir, de sorte qu'on juge d'un plaisir moindre en le comparant avec un plaisir plus accentué, sans qu'il y ait positivement une peine ? Voici des poires de qualités différentes. Vous dites de l'une, elle est passable ; d'une autre, elle est bonne ; d'une troisième, elle est délicieuse.

Vous avez comparé, jugé: avez-vous fait une grimace indiquant un malaise? Il n'est pas illogique, en généralisant ce raisonnement, de se représenter un monde où les joies seraient réelles, sans être empoisonnées par un mélange de douleurs, et, de ce point de vue encore, l'utilité de la souffrance devient contestable.

Le mal qui abonde ici-bas est quelquefois, pas toujours, l'occasion d'un bien. Résoud-on le problème en soutenant que Dieu a voulu, par lui, perfectionner notre éducation? Représentons-nous un père dont l'un des enfants est au berceau, un second à peine sorti de l'adolescence, un autre sur le point de prendre une carrière. Au nourrisson il administre un breuvage qui lui donne des coliques atroces; il fait en sorte que le cadet ne puisse pas, en continuant ses études, se préparer à une profession qui sera son gagne-pain; quant à l'aîné, il le jette sans ressources sur le pavé pour qu'il apprenne à se tirer d'affaire. On s'étonne d'autant plus de sa manière d'agir qu'il s'est montré souvent prodigue de ses bienfaits. A ceux qui lui en font des reproches, il répond: « Mes enfants, que j'aime tendrement, me béniront, s'ils réfléchissent. J'ai tout combiné dans le but de former leur âme. Comme ils peuvent sortir améliorés des épreuves que je leur ai suscitées ! » On prête trop souvent à la Providence des intentions semblables.

CHAPITRE XIII

SOMMES-NOUS DÉCHUS ?

La théorie d'une chute se recommande par sa portée morale. Elle a revêtu, dans le dogme chrétien, la forme de la légende d'Adam et, dans la philosophie, celle de la préexistence. Les hommes auraient débuté par la liberté de choisir entre le bien et le mal et c'est parce qu'ils ont péché à l'origine qu'ils souffrent tant maintenant. Malheureusement cette doctrine, d'autant plus respectable qu'elle semble sauvegarder les intérêts de la religion, ne résiste pas à certaines objections dont il serait imprudent de méconnaître l'importance, parce que le bon sens les pose avec obstination. Beaucoup de gens, il est vrai, contents de peu, quand il s'agit de preuves, pourvu qu'on leur présente des apparences de raison avec la ressource de se réfugier dans le mystère, ne sont pas affectés par cette insuffisance. Est-ce un motif de se montrer moins exigeant ?

J'aurais donc existé avant de naître, m'assure-t-on. Si je consulte mon expérience, je n'ai pas la preuve de cette antériorité. On cite pourtant des cas de personnes se souvenant d'avoir préexisté ou dont la réincarnation avait été annoncée. Je connais un écrivain très distingué qui prétend, sans la moindre exaltation, avoir été, il y a plusieurs siècles, un des réformateurs persécutés pour cause d'hérésie. Je ne me permettrais pas de le contredire, le champ du possible étant infiniment plus étendu qu'il ne plaît à notre imagination d'en convenir et, d'ailleurs, j'ai été si souvent obligé de revenir sur des négations inconsidérées ! Je me borne à invoquer mon témoignage, sans lui accorder plus de poids qu'il n'en a. Mes plus lointains souvenirs me reportent vers l'âge de quatre ou cinq ans, je ne sais pas au juste, lorsque, pour la première fois, je vis un chemin de fer, une voiture allant sans chevaux ! Cette bizarrerie m'impressionna tellement qu'elle est restée dans ma mémoire. Au delà de cette limite, tout mon passé se perd dans la nuit. Je ne puis le connaître dans ses traits les plus généraux qu'en observant les petits enfants, et encore ne parviens-je pas à me faire une idée précise de la mentalité d'un nourrisson. Je suis à moi-même la plus indéchiffrable des énigmes, si ignorant de mon âme que j'éprouve une grande difficulté à me voir dans le moment présent, à plus forte raison dans les commencements de mon existence. Si j'ai réellement préexisté, cette phase de ma destinée, ensevelie dans l'oubli, est pour moi comme si elle n'était pas. Cette perte de la mémoire ne prouve rien néanmoins, car, depuis mon arrivée dans ce monde, j'ai accompli une multitude d'actes dont le souvenir est effacé : on me procurerait, en les rappelant, la surprise d'une nouveauté. Ils n'ont pas moins pris place dans la trame de ma destinée, où ils sont toujours présents par leurs conséquences, car on est solidaire de soi-même. Cette vie antérieure, quoique bannie de ma conscience, pourrait à mon insu se prolonger dans mon état actuel qu'elle servirait à expliquer. Je ne suis donc pas en principe réfractaire à l'hypothèse des vies successives, pourvu qu'on ne lui confère pas la vertu de résoudre avec une évidence irrésistible le problème du mal.

Le vieux dogme veut me persuader qu'Adam ayant péché, j'ai mérité d'être chassé avec lui du paradis terrestre. De quel droit suis-je responsable d'une faute commise à un moment où je n'existais pas ? Sans doute je remonte par filiation jusqu'à ce premier homme ; mais, quel que soit mon désir de rester uni à lui par le lien de l'amour, je ne parviens pas à me convaincre que l'humanité tout entière vivait en sa personne. La graine d'un arbre peut devenir, avec le temps, la cause d'une forêt ; celle-ci pourtant n'est encore qu'une espérance et nul ne songera que, virtuellement contenue dans ce germe, elle y est aussi en réalité. Ce raisonnement s'applique, semble-t-il, à notre espèce considérée dans ses rapports avec le premier homme. La transgression de notre père commun a pu se se propager de proche en proche par l'influence de l'éducation : cette solidarité ne serait-elle pas de nature à atténuer notre responsabilité au lieu de l'établir fortement ?

La théorie de la réincarnation a sur celle de la chute en Adam l'avantage d'inculper directement l'individu, parce que nous avons tous personnellement péché dans une existence antérieure. Je n'arrive pas à me rendre compte de cette faute initiale qui aurait eu des effets si désastreux. C'est à peine si je je puis me représenter de quelle manière s'est produit en moi l'éveil de la conscience. Les moralistes ne s'accordent pas sur ce point, quoiqu'ils puissent lire dans leur expérience qui est celle de tous les hommes. J'essaie de faire ce travail sur moi-même et, dès que je remonte le cours de ma vie, j'aboutis à l'anéantissement du souvenir.

Si j'en juge par l'enfant qui vient de naître, j'ai débuté par l'inconscience, n'ayant comme l'animal que des appétits sans aucune étincelle de moralité. Je n'avais pas la notion du monde extérieur et des distances, toutes choses paraissant situées sur un même plan. Peu à peu j'en suis venu à me sentir distinct des personnes de mon entourage, en particulier de ma nourrice qui, par ses soins, m'inspira la première affection. Je fus le centre vers lequel convergeaient toutes les caresses, d'autant plus choyé qu'on avait toujours peur de me perdre. Cependant, à mesure que je grandissais, l'indulgence pour moi diminuait un peu, quoique l'amour persistât. Le souci de mon éducation inclinait parfois mes parents à des sévérités que justifiaient les écarts de mon caractère naturellement égoïste. J'avais une tendance à tout ramener à mon intérêt, comme si les autres, grands ou petits, n'étaient pas mes égaux, ne comprenant pas encore que la vie en société serait impossible sans des concessions réciproques. Il a fallu de bonne heure le reconnaître, si pénible que fût souvent cet aveu. D'abord je n'eus qu'une vague idée de l'obligation de respecter mon semblable. Insensiblement la notion du devoir devint plus nette, pour prendre enfin possession de ma conscience où elle se fixa avec un ton de commandement. Ce fut une lumière projetée dans les ténèbres de mon égoïsme. Celui-ci ne continuait pas moins, quoique discrédité, de se mêler à presque toutes mes actions, prenant les aspects les plus séduisants pour m'entraîner à sa suite, si habile qu'il imitait la vertu, afin de me persuader que j'étais estimable, alors que je méritais des reproches. Je me trouvais engagé dans un milieu où l'homme scrupuleusement esclave de son devoir se met dans un état d'infériorité vis-à-vis de concurrents moins délicats, et, puisque les autres employaient la ruse, j'étais incliné, pour n'être pas dupe, à les imiter. Il en est résulté, en supposant que je fusse animé des meilleures intentions, une tendance à transiger avec ma conscience, non pas toujours de propos délibéré, mais par des détours, comme on fait avec les gens honnêtes qu'on veut gagner, sans avoir l'air de les corrompre. J'ignore si vous faites exception à la loi commune, si, depuis le jour où vous distinguâtes votre devoir, vous n'avez jamais négligé une occasion d'y conformer votre conduite. L'expérience universelle démontre que nous n'avons pas été dans le cas de choisir entre le bien et le mal, avec l'absolue liberté de prendre l'un et de laisser l'autre ; le jour où nous avons ouvert les yeux sur notre âme, nous nous sommes aperçus qu'elle était occupée par un mélange de vices et de vertus. L'œuvre d'assainissement a consisté à chasser de notre for intérieur des ennemis plutôt qu'à les empêcher d'entrer.

Je me transporte maintenant, dans l'hypothèse des réincarnations, au moment où je fis, pour la première fois, mon avènement dans la vie. Je suis logiquement obligé d'y aboutir, car je ne puis pas avoir existé de toute éternité conscient de mon individualité. Quelle était alors ma condition, lorsque, sortant des mains de la Nature, j'inaugurais avec mes semblables le règne humain? Si j'en crois la vraisemblance scientifique, l'homme primitif était, avant la civilisation, plus rapproché de l'animal que l'homme actuel, quoiqu'il en différât par des caractères essentiels. On ne connaissait pas les raffinements du confort pour l'acquisition desquels on s'impose tant de travaux, sans parvenir toujours à être plus heureux. Nous vivions dans des cavernes, vêtus de peaux de bêtes ou complètement nus selon les climats, nourris des fruits de la forêt ou de la chair des animaux, ayant sans cesse à nous défendre contre les fauves et ne disposant pour armes et pour instruments de travail que de silex grossièrement taillés. Il n'y avait pas alors des sociétés solidement organisées, mais des petits groupements réduits à lutter contre de grandes difficultés. Quelle a pu être la mentalité de cet homme inévitablement très inculte? Vous n'avez pas perdu de vue la thèse que nous discutons. Il s'agit de savoir si la souffrance a fait son apparition dans le monde à la suite de fautes commises par nous tous à l'origine. Elle serait un châtiment dont nous ne serons libérés qu'après avoir suffisamment réparé. Mais, pour mériter cette punition, quel a été notre crime? Si, dans le dénuement où nous vivions, nous avons cédé aux impulsions de l'égoïsme, n'y avait-il pas à notre faute des circonstances atténuantes? D'ailleurs comment avons-nous débuté? Ne serait-ce pas, comme on fait actuellement, dans l'état d'innocence, sans avoir une connaissance claire du bien et du mal, jusqu'au moment où, du conflit des passions et des intérêts, est née, d'abord confuse, ensuite plus nette, la notion de la justice? C'est ainsi qu'a dû surgir peu à peu dans l'homme primitif le libre arbitre accompagné du sentiment de la responsabilité. Sans doute le jour où, consciemment, il a manqué au devoir, il s'est attiré des maux dont il n'avait pas le droit de se plaindre; reste à savoir si, parmi les maux qui l'avaient poursuivi précédemment et qui l'ont accablé depuis, certains parmi les plus graves ne proviennent pas d'une autre source que le péché.

En effet, à cette époque, sans que nous y fussions pour rien, notre planète présentait les inconvénients dont nous souffrons aujourd'hui. Elle produisait des plantes vénéneuses, elle nourrissait des animaux nuisibles, elle était secouée par des tremblements, elle passait par des phases de sécheresse et d'humidité qui affectaient péniblement la sensibilité des êtres animés. Nous fûmes alors exposés à nous empoisonner, ou à périr sous la dent des monstres, ou à être écrasés par des rochers détachés des montagnes, ou à gémir d'une température excessive. Pour qu'il existât une corrélation entre ces maux et le péché, il eût fallu que la nature entière fût transformée par les vices des premiers hommes. Vous représentez-vous cette influence d'actes immoraux s'exerçant sur la marche de l'Univers ? Le problème du mal se trouve-t-il ainsi résolu ? Il est juste que l'homme, libre dans une certaine mesure, supporte les conséquences de ses fautes ; à vouloir le charger plus qu'il ne convient, on risque de le rendre trop intéressant.

Pour maintenir sans atténuation sa responsabilité, fera-t-on remonter la chute dans un monde différent du nôtre ? Dans cette nouvelle hypothèse, les hommes primitifs n'auraient pas été les premiers hommes. Nous aurions préexisté dans un séjour infiniment supérieur à celui qui nous est assigné présentement et nous serions venus sur la terre comme dans pénitencier où on fait des apparitions successives, jusqu'à ce que, l'expiation étant suffisante, on aille évoluer ailleurs.

La difficulté est-elle levée ? Quelle aurait été notre mentalité dans ce monde initial ? Nous composions, par hypothèse, une société idéale dont tous les membres pratiquaient, sans la moindre infraction, les règles de la justice. Nous étions des anges au sein d'une nature merveilleusement adaptée à nos besoins. Comment ai-je pu, ainsi constitué, me résoudre à commettre des fautes capables de bouleverser totalement ma condition ? Nous étions heureux dans la sainteté et, sottement, nous compromettons ce bonheur pour nous procurer des jouissances misérables. Il fallait en vérité que notre moralité fût bien fragile, puisque nous l'avons sacrifiée si inconsidérément. Le monde où nous vivions avant la chute était-il organisé autrement que celui-ci, plus éthéré en quelque sorte, et l'invasion du péché l'a-t-elle rendu matériel, grossier, mal ordonné ? On ne parvient pas aisément à concevoir comment de manquements à la loi morale a pu naître une machine cosmique dont le fonctionnement est parfois si dangereux.

Quoi qu'il en soit, comment ne pas trouver étrange que les animaux, incapables d'utiliser les épreuves pour leur perfectionnement, à cause de leur irresponsabilité, soient, eux aussi, condamnés à souffrir? En supposant qu'ils fussent la réincarnation d'hommes parvenus, de dégradation en dégradation, aux plus bas degrés de l'immoralité, quelle serait la signification d'une souffrance qui, subie en pure perte, ne conduirait pas au relèvement?

La théorie d'une chute primitive se heurte à des objections qui paraissent insurmontables. Les partisans du vieux dogme terminent la discussion en disant : C'est un mystère! Ne pouvant pas faire la clarté, ils se retranchent dans l'ombre où ils se croient invincibles. Assurément le mystère nous enveloppe comme l'air que nous respirons. « Je ne sais, dit Pascal, qui m'a mis au monde, ni ce que c'est que le monde, ni que moi-même. Je suis dans une ignorance terrible de toutes choses. Je ne sais ce que c'est que mon corps, que mes sens, que mon âme et cette partie même de moi qui pense ce que je dis, qui fait réflexion sur tout et sur elle-même et ne se connaît non plus que le reste. Je vois ces effroyables espaces de l'univers qui m'enferment et je me trouve attaché à un coin de cette vaste étendue, sans que je sache pourquoi je suis plutôt placé en ce lieu qu'en un autre, ni pourquoi ce peu de temps qui m'est donné à vivre m'est assigné à ce point plutôt qu'en un autre de toute l'éternité qui m'a précédé et de toute celle qui me suit. Je ne vois que des infinités de toutes parts qui m'enferment comme un atome et comme une ombre qui ne dure qu'un instant sans retour. Tout ce que je connais est que je dois bientôt mourir, mais ce que j'ignore le plus est cette mort même que je ne saurais éviter. » Quelle que soit l'infirmité de notre intelligence, nous sommes sans cesse portés à percer les mystères qui se dressent naturellement devant notre raison. L'existence du mal est un des plus inquiétants. Les philosophes et les théologiens se sont évertués à en chercher une explication et certains ont imaginé la doctrine du péché originel. Quel est le caractère essentiel d'une bonne explication? N'est-ce pas d'abattre toutes les objections? S'il en reste une seule debout, le problème n'est pas résolu et vous avez beau soutenir que votre dogme est un mystère, on vous répliquera justement que ce mystère est une invention de votre esprit aux abois, un expédient trop commode pour être satisfaisant.

Comment des hommes éminents s'en contentent-ils ? Cette doctrine élaborée par des théologiens, d'après des suggestions de la Bible, a pris l'importance d'une révélation dans une Église qui se prétend infaillible et qui, au prestige de son origine supposée surnaturelle, joint celui d'une haute antiquité, d'une puissante organisation et de son expansion dans le monde entier. On a été élevé dans ce milieu imposant et vénérable; on accepte l'enseignement qui y est donné, avec d'autant plus de soumission qu'il a paru suffisant à des génies tels que Pascal ou Bossuet. Oserait-on se montrer plus exigeant qu'eux? Le catéchisme affirme la Trinité, la naissance miraculeuse, la résurrection de la chair, la chute. Cela paraît contraire à la raison : qu'on se détrompe, c'est simplement au-dessus de la raison, et le fidèle a le devoir de croire sans chercher à comprendre.

Ce mystère, né de la dialectique des théologiens, n'a de réalité que pour ceux qui se soumettent sans examen à l'autorité de l'Église. Un Bossuet, un Pascal l'ont admis;

des esprits non moins puissants et aussi respectueux de la religion le rejettent, et d'ailleurs si vous alliez au Thibet ou à la Mecque, vous y rencontreriez des dogmatiseurs qui, avec une assurance inébranlable, invoquent le mystère en faveur d'idées dont ils renoncent à démontrer la vérité. Il en est de leurs doctrines comme des idoles de pierre ou de bois devant lesquelles on passe avec un respect mêlé de crainte dans les pays où la superstition leur attribue des vertus magiques. On en voit dans les vitrines de nos musées où elles figurent parmi d'autres curiosités de pays lointains. Elle vous impressionnent surtout par leur laideur ; vous ne songez pas à fléchir le genou. Le caractère sacré qui les ennoblissait à leur lieu de naissance s'est complètement évanoui pour vous et si l'un des indigènes qui les eurent en grande vénération les apercevait dans ce lamentable abaissement, quelle ne serait pas sa tristesse !

Mieux vaut suspendre son jugement que s'arrêter à une explication illusoire.

CHAPITRE XIV

LA VOIX DE LA CONSCIENCE

Lorsque je me regarde attentivement, je me vois occupant un point dans l'espace, un instant dans la durée, avec des facultés si bornées qu'il y aurait une insigne sottise, fussé-je un de ces illustres métaphysiciens dont les ouvrages figurent dans les programmes de l'enseignement supérieur, à prétendre éclaircir le mystère de l'univers. Ces messieurs — ce terme n'a rien d'irrévérencieux quand on va au fond des choses — ces messieurs qui s'appellent Platon, saint Thomas, Leibnitz, Pascal ou Renouvier, participant, quel que soit leur génie, à la faiblesse humaine, ont émis sur le problème du mal les théories les plus opposées. Cette considération devrait nous consoler un peu, nous infimes, de n'être pas venus, à cette date du vingtième siècle, pour la satisfaction des générations futures, prononcer le mot de l'énigme. Gardez-vous néanmoins de confesser votre ignorance devant certaines gens qui, avides de solutions définitives, prennent la réserve pour de l'impiété, comme s'il n'y avait pas quelquefois plus de dignité à reconnaître avec modestie les limites de son intelligence qu'à se prononcer péremptoirement sur les matières les plus ardues. Cependant, quelle que soit la misère de notre condition, ne trouverions-nous pas dans notre conscience quelques dédommagements ?

On connaît, il est vrai, des philosophes qui récusent sa compétence dans la recherche des fins de l'univers. Constatez des faits, découvrez les lois qui les régissent et ne spéculez pas sur le fond de l'être interdit à vos investigations, car, avec les ressources dont vous disposez, vous ressembleriez à un homme qui voudrait monter sur ses propres épaules pour voir derrière un mur. C'est la condamnation de la métaphysique et la justification du positivisme. Néanmoins la conscience joue un rôle assez considérable dans la vie de l'humanité pour qu'on daigne s'enquérir de sa nature et des inductions qu'il est légitime d'en tirer. Il faut sans doute s'engager dans cette région avec les sentiments d'un voyageur qui s'attend à marcher sur des chemins battus où il n'y a guère moyen de faire des découvertes, à moins qu'on ne creuse très profondément; mais on n'aura pas perdu son temps si, après tant d'autres, on est parvenu à des endroits d'une réelle beauté.

Quel est le rôle de cette conscience dont nous voudrions essayer de discerner la voix? Il consiste à nous indiquer les règles d'après lesquelles nous devons diriger notre vie. Nous avons tous, même les moins cultivés, nos maximes de conduite. Peu d'hommes certes sont capables de dire, avec de solides raisons, pourquoi ils professent telle morale plutôt que telle autre. La plupart admettent, sans les discuter, les opinions qui, ayant cours dans leur milieu, s'imposent à leur esprit avec la puissance d'un instinct et se cristallisent souvent dans des proverbes revêtus d'une forme très expressive. Vous auriez de la peine à leur persuader que ces sentences peuvent ne pas exprimer des vérités immuables.

Et pourtant la conscience est sujette à des

variations qui déconcertent le penseur en quête d'une orientation fixe. Changez de pays ou d'époque, vous trouvez des mœurs différentes. Tel est réputé honnête au Dahomey qui serait en France passible de la Cour d'assises, et, sans sortir de la ville que vous habitez, que de gens vivant presque sous le même toit ont sur le mariage, les affaires ou la politique des idées contraires qu'ils soutiennent par des arguments spécieux avec l'impossibilité de se convaincre réciproquement! Si vous avez passé par la crise de la conversion, n'avez-vous pas, en l'espace de quelques années, subi des modifications tellement profondes qu'elles étonnent même les personnes de votre entourage, à plus forte raison celles qui, ne vous ayant pas vu depuis longtemps, saisissent davantage le contraste?

Quoi qu'il en soit, ces hommes de mœurs si différentes ont en morale des traits communs qui les classent dans une même famille. Vous n'en rencontrerez pas un seul, à moins qu'il ne soit atteint d'aliénation mentale, qui ne se reconnaisse formellement obligé, pour vivre dans la société de ses semblables, de respecter en principe leur personne, comme il exige qu'on respecte la sienne. Sa cons-

cience, dans certains cas, ne se borne pas à
lui fournir des indications avec les ménagements d'un conseiller; elle dicte des ordres
avec la sévérité d'un juge. Elle dit en termes
catégoriques : Il faut, tu dois, pas de réplique.
Cette voix, vous l'entendez au dedans de vous,
plus ou moins nette, quelquefois si impérieuse que vous frémissez de peur de lui désobéir.

Oseriez-vous soutenir que vous ne lui avez
jamais désobéi? La considération dont vous
jouissez justement suffit-elle à vous tranquilliser? Revenez sur votre passé et, courageusement, décidez si, parmi vos actions, il n'y
en a pas dont vous seriez heureux de pouvoir
effacer la trace. Ne parlons pas de celles qui
vous laissent seulement des regrets, parce
que vous les avez commises sans discernement. Maintenant que, mieux placé pour les
juger, vous en distinguez l'imperfection, vous
éprouvez, lorsqu'il se produit en vous des
rappels de la mémoire, parfois subitement,
grâce à de mystérieuses associations d'idées,
une véritable honte, comme si vous étiez
transporté au moment de leur réalisation.
Vous songez à l'opinion défavorable qu'on a
dû avoir de vous et, après des années écou-

lées, une rougeur vous monte au front. Il faudrait, pour n'avoir jamais de ces retours pénibles, que vous fussiez de ceux, et s'en trouve-t-il? dont la conduite, invariablement conforme aux convenances, n'a pas suscité la moindre critique. Mais il ne s'agit pas de regrets de ce genre. Parlons du remords proprement dit qui vous tourmente lorsque, de propos délibéré, vous avez contrevenu à un commandement de la conscience.

Ce cas s'est-il présenté? Vous n'avez jamais eu de démêlés avec la justice; il serait presque injurieux de vous en féliciter, car ce serait vous croire susceptible d'en venir là, soupçon qui, en effleurant seulement un si brave homme, confinerait à la calomnie. On peut néanmoins avoir commis des fautes, sans s'être rendu coupable de délits. Il suffit, pour le reconnaître, d'avoir une délicatesse de conscience qui manque aux gens d'une moralité inférieure. Les saints, remarquables par leur humilité, ont le regard de l'âme si perçant qu'ils distinguent des taches dans leur conduite, alors que le vulgaire y voit uniquement des motifs de les glorifier. C'est donc vous faire beaucoup d'honneur que vous supposer honteux d'avoir trop souvent péché, en actes ou en pensée, peu importe, car les mauvais sentiments, même quand ils restent confinés à l'intérieur, sont des souillures dont il est prudent de redouter qu'elles débordent au dehors, en des moments d'oubli. Le germe des sept péchés capitaux est, au fond de votre cœur, tellement vivace que vous seriez le phénomène le plus extraordinaire, s'il n'en sortait pas des fruits vénéneux. Un individu qui vous proclamerait sans reproche, vous le prendriez ou pour un mauvais plaisant, ou pour un stupide flatteur. Tu as mille motifs de t'accuser : ainsi parle la conscience aux heures de lucidité.

Je suis donc responsable de mes actes, par conséquent libre; si je ne l'étais pas, de quel droit m'adresserait-on des éloges ou des blâmes, les vertus et les vices se produisant aussi nécessairement que les parfums et les poisons des plantes? Tout homme se conduit comme un ferme croyant au libre arbitre, même lorsqu'il le nie en théorie. Nous sommes si convaincus de sa réalité que nous jugeons sans cesse avec rigidité le prochain, en lui attribuant un pouvoir illimité sur lui-même, ce qui nous permet de le critiquer sans réserve. S'agit-il de notre propre conduite, nous invoquons des circonstances atténuantes, jusqu'à effacer parfois nos torts, et peut-être dans bien des cas aurions-nous raison, si nous ne dépassions pas la mesure. L'équité ne va pas sans une certaine indulgence, puisque la liberté s'exerce sur la longueur d'une chaîne dont les anneaux sont l'atavisme, la race, le climat, le milieu, que sais-je encore ? de sorte que nous ne pouvons pas plus nous affranchir de ces multiples influences que nous ne pouvons sortir de notre peau. On croit à ce déterminisme aussi universellement qu'au libre arbitre. La conscience nous accuse et nous excuse tour à tour.

Cette constatation me rend perplexe, parce que je ne sais plus où commence et où finit la responsabilité. Je veux, dussé-je augmenter mon anxiété, analyser mon âme au moment où de la délibération je passe à l'acte. Je ne vais pas au hasard, sous la poussée de l'instinct, dans un brouillard ; je tends en pleine lumière vers un but. Diverses raisons me sollicitent en des sens opposés ; j'hésite, séduit par des avantages, rebuté par des inconvénients, tantôt dominé par l'égoïsme, tantôt averti par le devoir, jusqu'à ce que, pour ne pas rester indéfiniment en suspens ou cédant au motif le plus fort, je m'arrête à une résolution d'où s'insinueront dans le tissu de ma conduite une multitude de conséquences. Je me suis déterminé sous l'influence d'un motif. Un motif, ce qui nous pousse, selon le dictionnaire, à faire une chose, cela me rend rêveur. Quand je pousse quelqu'un pour lui communiquer un mouvement, je suis distinct de lui ; le motif serait-il distinct de ma personnalité, quelque chose avec quoi j'entre en relations, soit pour le combattre, soit pour lui céder ? Non assurément, puisqu'il surgit de mon for intérieur comme la feuille sort de la branche. Il est l'expression de ma nature tout entière ; il y entre de l'intelligence, du sentiment, de l'appétit. J'envisage le pour et le contre, afin de me résoudre, autant que possible, en connaissance de cause. J'ai donc des idées dont la portée dépend de la qualité de mon esprit, et c'est ainsi que deux individus, ayant à se prononcer dans une même affaire, en jugent différemment, parce que, s'il est permis d'employer cette comparaison, les verres de leurs lunettes sont de couleurs différentes. Souvent, à quelques minutes d'intervalle, je vois un homme ou une situation tout autrement, selon que j'ai la raison froide ou que je suis emporté par mon tempérament et le motif le plus fort est toujours celui, clair ou obscur, d'après lequel je me décide. Pourquoi ce motif est-il le plus fort ? Serait-ce parce que ma nature le veut ainsi ? Un autre individu, se trouvant dans le même cas que moi, après avoir examiné le motif qui me fait agir, se laisserait dominer par un motif contraire. On objectera que je puis résister à un motif. Oui sans doute, mais en vertu de nouveaux motifs qui découlent de mon caractère, de sorte que nous retombons dans la même difficulté. Or chacun naît avec son caractère comme avec un visage qui le reflète ordinairement.

Quelle situation ! Ce libre arbitre, véritable fondement de la responsabilité, j'ai par moments l'impression que, plus je cherche à le saisir par le raisonnement, moins je le tiens. Ma peine augmente encore, quand je m'efforce de le définir. Un acte n'est réellement libre qu'à la condition de ne pouvoir pas être prévu. Si, vous connaissant exactement, je dis avec certitude que, dans une circonstance donnée, vous agirez de telle manière, c'est qu'il y a dans votre destinée un inflexible enchaînement de causes et d'effets. L'acte libre n'est-il pas un des anneaux de cette chaîne, il faut alors qu'il soit un fait sans cause, un premier commencement, un je ne sais quoi qui jaillit spontanément, à l'improviste, indépendant de ma nature et néanmoins inséparable d'elle. Je suis donc capable d'insérer, par une simple initiative de ma volonté, dans la mystérieuse combinaison du caractère, des éléments nouveaux qui n'y étaient pas implicitement contenus. Mais cette volonté n'est-elle pas un produit de mon caractère, bonne ou mauvaise, forte ou faible comme lui, et comment lui serait-il possible de prendre des initiatives non marquées de son empreinte ? On a l'air dans cette discussion de poursuivre une chimère en essayant de comprendre, puisque comprendre une chose, c'est en découvrir la cause et qu'on ne pourrait assigner une cause à l'acte libre sans le détruire. Je reste là interdit, enfoncé dans l'obscurité, réduit à l'alternative de croire au libre arbitre sans m'en faire une idée ou de le nier résolument.

Y a-t-il, pour un homme désireux de conserver les bases de la morale, une situation plus angoissante ? Quel désastre ! Je suis obligé, pour être conséquent, de rayer de mon vocabulaire, à moins de leur donner par-desraisonnements subtils un sens détourné, quelques-uns des termes les plus usuels, devoir, mérite, démérite, éloge, blâme, récompense, châtiment, remords, responsabilité, termes qui, employés dans le sens ordinaire, ne sont que des traquenards où se laissent prendre les esprits aveuglés. Maintenant que, mieux renseigné, je me vois simple rouage dans une machine, je m'efforcerai de réprimer des sentiments toujours prêts à se manifester et ces efforts ne seront jamais que des impulsions fatales de ma nature avec des apparences de liberté. Me voilà condamné au rôle d'automate conscient. Il en résulte une transformation radicale de mes jugements sur la conduite. Il me vient, je suppose, la fantaisie de citer ici même, sur cette feuille, votre nom, en le faisant suivre d'une description de votre personne, afin que nul ne puisse s'y méprendre. Je mets à votre charge, pour vous nuire, des traits de pure invention dont le public malin, aisément impressionné par la page imprimée, ne cherchera pas à s'enquérir s'ils sont vrais. Je me rends donc coupable d'une calomnie. Coupable, je ne saurais l'être du point de vue strictement déterministe. Je vous porterai préjudice par mon dénigrement; vous ne manquerez pas de vous défendre et, malgré vos soucis de victime, je suis en réalité plus à plaindre que vous, puisque je m'expose à une amende et peut-être à la prison, inconvénients dont vous êtes garanti par votre caractère naturellement bon. Vous n'avez aucun mérite à faire le bien et je ne suis pas responsable de mes actes faussement jugés répréhensibles, quoique malfaisants. Nous sommes l'un et l'autre semblables à des plantes. L'heureux mortel que vous êtes, produisant des fruits très appréciés, tandis que moi, pitoyable disgracié, on me traite comme un champignon vénéneux!

Je parle en parfait déterministe et, pour comble de malheur, je parais fou, même, chose étrange! aux yeux de ceux qui, par système, ont une tendance à penser comme moi. Heureusement la Nature bienveillante m'oblige de me contredire à chaque instant et, tout en ne croyant pas au libre arbitre, je me conduis comme ceux qui y croient. Si vous vous avisiez de me calomnier, j'ai le pressentiment que, sans m'inquiéter de rester fidèle à ma théorie, je vous accuserais d'être un malhonnête homme, et, pour ne pas rester sous le coup d'une infamie, je demanderais à la loi de me disculper en vous châtiant, à moins que, suffisamment protégé par l'opinion, je ne préférasse vous accabler de mon mépris. J'aurais l'approbation de tous les gens sensés qui me jugeraient d'autant plus raisonnable que je m'efforcerais moins d'être logique. En voilà une singularité ! Être ainsi constitué que toutes mes actions sont nécessitées, en particulier celle de me déclarer libre sans l'être ! Que signifie cette mystification ? Le Maître de l'Univers veut-il se moquer de nous ou sommes-nous les jouets du hasard qui, complètement aveugle, arrive à des combinaisons dont certaines sont condamnées par le bon sens ? C'est comique ou navrant.

A quel parti m'arrêter ? Je voudrais croire à la réalité du libre arbitre, car il y va de ma vie morale, puisqu'il ne saurait être question de responsabilité, si je ne dispose dans une certaine mesure de moi-même. Pour rester indifférent en cette matière, sous le prétexte très illusoire de désintéressement scientifique, il faudrait mutiler la conscience, une opération que j'ai le droit de retarder, aussi longtemps que la vérité du déterminisme ne sera pas définitivement démontrée. Les adversaires du libre arbitre ne parlent-ils pas trop comme s'ils avaient gagné la partie? Beaucoup de métaphysiciens le nient résolument ou l'affirment avec des restrictions qui sont l'indice d'une croyance mal assurée. Leur argumentation, quoique vigoureuse, est si peu décisive que d'autres métaphysiciens non moins avertis les réfutent, en sorte que les antagonistes sont toujours aux prises. Férus de la science, absolument persuadés que le monde fonctionne avec la régularité d'une machine dont les rouages sont agencés pour un rendement invariable, ils ne conçoivent pas qu'il puisse y avoir la moindre infraction à la loi de la nécessité universelle. L'ambition du savant, quand il étudie un fait, est d'en découvrir la cause, et, s'il se peut, de le reproduire à volonté dans des travaux d'expérimentation. Reste à savoir s'il n'y a pas des faits d'une autre nature qui se produisent spontanément. Telle est l'opinion de philosophes qui, très respectueux de la science, lui posent cependant des limites.

Ici le problème devient encore plus embarrassant. On me dit que c'est un devoir de croire au devoir et par conséquent au libre arbitre d'où il tire l'existence. J'en suis intimement persuadé ; mais je voudrais être sûr que l'ordre profond des choses ne va pas à l'encontre de cette opinion. Me voilà obligé, pour donner un fondement à ma croyance, de pénétrer le mystère de l'univers. N'y a-t-il pas, à entreprendre cette tâche, une témérité presque folle ? Je me vois semblable à un voyageur qui, trouvant son chemin barré par un rocher énorme comme un monument, essayerait de le déplacer avec ses mains. Il faut apporter en ces questions une grande humilité pour se faire pardonner l'audace de les aborder, en produisant l'impression d'une âme que la passion de la vérité conduit sur le bord des abîmes, sans souci du péril. Je constate dans l'organisation du monde le règne de lois invariables. Si des faits, comme ceux de lévitation, semblent contredire la loi de la pesanteur, je découvre par l'étude qu'ils sont soumis à d'autres lois. Avec une apparence de miracles, ils sont, quoique merveilleux, très naturels Tous mes actes sont-ils sous la domination de la nécessité, sans excepter ceux que j'accomplis avec le sentiment de ne subir aucune contrainte ? Il faut, pour qu'il en soit autrement, que je puisse, par une sorte de miracle de ma volonté, créer des initiatives que l'évolution de mon caractère n'amène pas fatalement. Il résulterait de cette éventualité qu'il y a dans la nature, par le libre arbitre de l'homme, des solutions de continuité, des énergies surgissant d'elles-mêmes, qui sont et auraient pu ne pas être. Comment justifier cette supposition d'une force indépendante de la loi ?

Pour bon nombre de métaphysiciens le monde se compose d'une substance éternelle, infinie, absolue. Aussi loin que vous alliez par la pensée derrière vous, le temps et l'espace reculent, sans qu'il vous soit possible de leur assigner une limite ; aussi loin que vous alliez devant vous, même impossibilité. Tous les êtres ne sont que des manifestations de cette substance, pleine et continue comme l'Océan où les vagues apparaissent, jettent un reflet sous le soleil et se transforment dans un mouvement ininterrompu, avec une solidarité inflexible. Au sein de cette immensité, je viens occuper, pendant un instant, un point minuscule sur lequel je m'agite avec des prétentions, remplacé aussitôt par d'autres éphémères de mon espèce qui, pas plus que moi, n'auront le pouvoir de modifier leur destin.

Cet espace et ce temps infinis, dans lesquels je situe tous les êtres, ne seraient-ils pas une illusion de l'entendement ? En réalité je ne perçois nettement que des êtres plus ou moins étendus qui durent un certain temps. Si je les considère dans leur ensemble, ils forment un nombre qui, si grand qu'on l'imagine, est fini, puisqu'on peut l'augmenter d'une unité. Si je considère l'un d'eux, je le vois susceptible d'être divisé en parties qui ne peuvent pas être en nombre infini, parce que le nombre infini implique contradiction. Il faut donc conclure à l'existence de parties ultimes qui sont indivisibles. D'autre part, vous ne sauriez vous représenter un être, grand ou petit, que dans ses rapports avec vos moyens de connaître. Il est pour vous ce que vous le faites par vos facultés. Placez-le dans un endroit où il ne tombe sous les sens de personne, il n'a pas cessé d'exister, mais vous êtes absolument incapable de vous faire la moindre idée de ce qu'il est; il n'a pas l'aspect que vous lui donniez. Il en a un inévitablement, et, comme tout phénomène, il est perçu d'une manière quelconque. L'Univers dans son ensemble constitue un phénomène qui, en cette qualité, est perçu par un Esprit ; de même les parties ultimes de la matière, d'où il résulte que l'esprit pénètre la nature entière. Comme nous distinguons partout la marque d'une idée directrice, nous concluons que cette Nature, dans son ensemble et dans ses parties, est un dynamisme intelligent. Si maintenant nous remontons la série des êtres, nous arrivons logiquement à des premiers commencements, car, ces êtres étant en nombre fini, il y a un moment où ils n'ont pas été précédés par d'autres. Nous voici devant un obstacle insurmontable. Comment concevoir quelque chose qui surgit sans raison, puisqu'il n'y a personne avant lui pour le produire ou quoi que ce soit qui le contienne en germe? Sans doute mon esprit est constitué de telle sorte qu'il ne peut concevoir que des phénomènes dont le nombre est fini ; mais l'Être suprême, qui embrasse dans sa compréhension le phénomène universel est en lui, sans être lui, car il le domine, en le pénétrant de sa pensée et de son action. Aussi loin qu'on recule le moment de l'apparition des êtres, il est là pour expliquer cette apparition. Il n'a pas de commencement; s'il en avait un, il aurait surgi sans raison, et c'est ce que ma raison se refuse à admettre. Cependant je n'évite une difficulté que pour me heurter à une autre. Si l'univers a commencé, son âge n'est rien dans l'éternité. Quelle était avant lui la condition de l'Être suprême ? Que pouvaient être l'espace et le temps, quand ils ne se réalisaient pas dans des êtres étendus qui duraient ? Qu'est-ce qu'un absolu où il n'y a rien de distinct ? Mon esprit ne saisissant que le relatif, je ne comprends pas. Je me résigne à ignorer. Nos plus grandes erreurs viennent de notre prétention d'expliquer l'inexplicable. Parce qu'on s'est enfermé dans une argumentation comme dans une cellule arrangée selon ses convenances, on s'imagine naïvement que c'est le seul logement désirable, sans songer qu'il paraît à d'autres dénué d'agrément. Le dogmatisme fier, disputeur et intolérant est une maladie infectieuse dont on doit mettre d'autant plus de soins à se préserver qu'elle est ordinairement incurable.

Je me replie sur moi-même. Que suis-je dans le dynamisme universel ? Si j'étais un dynamisme localisé ! L'Être des êtres, l'organisateur suprême, me pénètre tout entier de sa pensée et de son activité, et, cependant, je sens en moi une force capable de se manifester, à chaque instant, par des effets visibles. J'ai le pouvoir de prendre des résolutions, puisque la conscience me prescrit des devoirs. Devoir, c'est pouvoir, car, où le pouvoir n'existe pas, il n'y a pas de devoir. Si un obstacle se dresse devant moi, j'ai du moins le devoir de lutter contre lui, et je ne saurai qu'il est insurmontable qu'après avoir sérieusement tenté de le surmonter. J'ai donc, avec le devoir de faire cette tentative, le pouvoir de le vouloir, et cela suffit pour répondre aux exigences de la conscience. Cette décision de ma volonté n'est libre que si elle constitue un premier commencement; dans le cas contraire, elle serait la conséquence nécessaire d'antécédents. Si, en remontant dans le passé, nous trouvons des commencements, pourquoi n'y en aurait-il pas dans le présent et dans l'avenir? Je suis un assemblage de parties disposées de manière à former un organisme dont le fonctionnement tend vers un but, sorte d'automate, à la fois inconscient et conscient, et, dans le jeu régulier des rouages, mon esprit intervient pour y faire jaillir des saillies d'énergie qui le modifient. Quand je produis ces initiatives, je n'agis pas au hasard, j'hésite entre des motifs et je me décide pour l'un d'eux dont on dira ensuite qu'il a été le plus fort. Mais, s'il a prévalu, c'est parce que je l'ai voulu, en supposant que je fusse en possession de moi-même. Il m'a plu d'aller dans ce sens et non dans un autre. Si j'avais une mentalité différente, j'aurais agi, il est vrai, différemment. Mon voisin, placé dans la même situation que moi, aurait peut-être, en pesant des motifs semblables, opté pour un motif contraire. Quelle que soit ma mentalité, j'ai toujours le devoir, par conséquent le pouvoir, sinon d'agir invariablement, du moins de chercher à agir, malgré les difficultés, selon mes principes. L'automate qui est en moi oppose-t-il une résistance invincible, j'aurai eu le mérite de lutter et, dans ma défaite, je conserverai l'honneur. L'homme le plus chargé de mauvaises œuvres, résultant d'un caractère qu'il ne s'est pas donné et dont il n'est pas responsable entièrement, a sa part de libre arbitre, sans quoi il cesserait d'être un homme. Il ne professe pas la morale des honnêtes gens qui le méprisent; néanmoins, dans la société des criminels où on le traite d'égal à égal, il se croit astreint à des devoirs qu'il ne peut méconnaître, sans que sa conscience l'accuse.

Quand on dit de lui qu'il n'a pas de conscience, c'est une façon de parler. Il en a une, mais réglée sur des maximes différentes des vôtres. Il a ses remords, ses indignations, ses sentences de justicier, quoique vil. On n'est pas libre d'accomplir des actes jugés obligatoires, lorsque, par défaut d'intelligence ou d'éducation, on n'en voit pas du tout la nécessité. Cependant, même dans le cadre de cette basse mentalité, le libre arbitre s'exerce avec un pouvoir de produire des commencements. Sur tous les degrés de l'échelle morale, chaque individu a le sentiment qu'il aurait dû, en bien des circonstances, agir ou tenter d'agir autrement. Or la tentative souvent renouvelée prépare une rénovation de la mentalité.

Mais on revient toujours à cette question : comment une chose commence-t-elle sans avoir été précédée d'une autre qui en est la raison d'être? On reste troublé, interdit, comme ébloui. Cette métaphysique si abstruse a cette particularité de s'accorder avec le sens commun dont il convient de ne pas exagérer l'autorité et qu'il ne faut pourtant pas traiter trop dédaigneusement, parce que l'humanité, malgré ses errements, mérite autant de considération qu'un petit groupe d'abstracteurs issus d'elle et par conséquent faillibles. Prenons dans la foule des ignorants le premier venu. Cet homme ignore tout de la métaphysique, jusqu'à son nom. Il a entendu parler de philosophes; pour lui, on est philosophe, quand on prend son parti de ce qui arrive, avec une âme affermie contre les coups du sort. Le fond de l'être, il n'en a cure; le mystère des origines et des fins, s'il en a eu quelquefois, comme par hasard, l'intuition subite et fugitive, il ne cherche pas à l'éclaircir; le problème du libre arbitre, il ne se le pose pas. Gardez-vous de lui dire qu'un Bonnot ou un Guillaume, esclaves de leur tempérament, n'ont aucune responsabilité dans les crimes dont on les accuse, il ne vous prendrait pas au sérieux. Il croit à la liberté comme il respire, persuadé qu'un acte libre est un fait initial, né de sa volonté au moment même où il se produit. Ce n'est pas qu'il repousse complètement le déterminisme rayé de son vocabulaire d'ailleurs très pauvre, en dehors des termes usuels. Déclarez-lui, dans le langage clair d'un roman populaire, qu'il est à certains égards un automate, il vous comprendra, puisqu'il lui arrive souvent de s'écrier : « C'est plus fort que moi ! » dans des moments où la passion l'emporte comme un torrent ; mais, même entraîné, il se reconnaît le pouvoir de réagir parfois. Allez dans un asile de fous d'où il semble que la croyance au libre arbitre devrait être bannie ; vous l'y verrez presque aussi active que dans la rue, soit que ces malades conservent, dans le désastre de leur raison, l'habitude d'y croire, soit qu'ils se sentent réellement libres dans des périodes de lucidité. Les gardiens ne peuvent s'empêcher de les traiter fréquemment comme des personnes responsables, tant il est vrai que cette croyance plonge par ses racines au plus profond de notre âme.

Je suis libre dans certaines limites : telle est la voix de la conscience partout, toujours. Étant libre, je mérite l'éloge ou le blâme, selon que j'agis consciemment, bien ou mal, prenant place dans la compagnie des hommes justes si j'accomplis mon devoir, tandis qu'on me relègue dans celle des malhonnêtes si je ne cherche que mon intérêt. Supprimez le libre arbitre, il n'est plus question de justice, de légitimité des peines et des récompenses. On vous fait l'honneur de supposer que cette solution du problème moral vous révolte. Vous n'accordez pas votre estime à un criminel, même lorsque par charité, en songeant à la fragilité de votre vertu, vous lui conservez votre sympathie. Ici la voix de la conscience s'élève souveraine, intransigeante, auguste. Elle proteste contre un monde où il suffit trop souvent aux coquins d'être habiles pour s'attirer les faveurs de la fortune et, spectacle désolant, la condescendance de braves gens qui ont acquis, par toute une vie de probité, le droit de les mépriser. Il serait rationnel que chacun fût traité par le destin d'après les mobiles qui ont inspiré sa conduite. S'il est une tendance incoercible de la nature humaine, c'est celle qui nous porte à souhaiter le triomphe de la vertu et l'abaissement du vice, à moins qu'on ne soit personnellement intéressé au bonheur du méchant. Cette tendance, dont on n'oserait pas se déclarer dépourvu, étant sans cesse contrariée sur la terre, nous avons absolument besoin, pour la satisfaction de notre conscience, de croire à un Au-delà où la justice se réalise, car, s'il en était autrement, le monde serait absurde. Cette proposition sonne comme un lieu commun ; on la dit usée. Prenez garde : si telle était votre opinion, la santé de votre âme serait compromise; un homme qui ne croit pas à la justice pense malhonnêtement, même lorsqu'il se contredit par une conduite honnête.

La conscience, en proclamant la loi morale avec la conséquence logique d'un avenir réparateur, vous mène à la notion d'un Législateur suprême. Le règne de la loi se confond avec celui de l'ordre, et l'ordre, qui atteste l'activité d'une intelligence appliquée à un but, ne se conçoit pas sans un ordonnateur. De la conscience je vais directement à Dieu en passant par l'Au-delà. Le commandement qui m'oblige avec la possibilité de lui désobéir, je n'en suis pas l'auteur; j'en ai apporté le germe en naissant, d'abord enfoui, puis se dégageant peu à peu des ténèbres de l'instinct, pour s'épanouir enfin dans la lumière de la raison, supérieur à ma volonté quoique inhérent à ma nature, injonction mystérieuse et sublime de Celui qui m'a mis à un rang très élevé dans la hiérarchie de ses créatures, en me conférant le pouvoir de créer à mon tour, puisque j'ai l'initiative de certains actes. Comme je m'apparais grand dans ma misère, quand je me rends attentif à cette voix qui, venue du sanctuaire de l'âme, est un reflet de la Divinité !

Mais je ne puis me soustraire à l'obsession de cette question : Pourquoi la marche de notre monde n'est-elle pas réglée d'après les exigences de la conscience réclamant impérieusement la justice? Pourquoi le Maître de l'univers, dont je porte en moi le témoignage, n'intervient-il pas pour empêcher que l'humanité s'en aille à la dérive ? Pourquoi voiton des peuples de races différentes se ruer les uns contre les autres dans des guerres d'extermination ? Pourquoi des bandits, gorgés de crimes et de sang, meurent-ils dans la joie du succès, en invoquant le nom de l'Éternel? Pourquoi la défaite et l'ignominie du juste ? Pourquoi, mon Dieu, pourquoi? Abîme où ma raison se perd ! Je suis effaré comme un naufragé ballotté par des vagues furieuses. Du sein de la brume, je vois surgir la conscience semblable à un phare. C'est dans la direction de cette lumière que doivent tendre mes efforts.

CHAPITRE XV

L'INVOCATION DU TOUT-PUISSANT

La prière éclôt naturellement sur les lèvres des malheureux qui cherchent un secours dans leur détresse, et lorsque je prie, je ne me borne pas à aspirer vers l'absolu, un mot qui ne présente rien de précis à mon imagination ; je m'adresse à une personne supposée présente, quoiqu'invisible. J'attends d'elle une intervention en ma faveur. Elle a des desseins et j'espère l'amener par mes sollicitations à modifier le cours des choses.

Je sais cependant par une expérience constante que la nature est régie par des lois invariables. On parle bien dans les Églises de faits surnaturels ; le plus souvent, vus de près, il nous apparaissent comme des faits extraordinaires sans doute, mais dus à l'action de forces naturelles inconnues.

Il est néanmoins en mon pouvoir d'apporter des changements dans le jeu de ces lois. Un prunier laissé libre ne donnera jamais que des prunes ; il ne m'est pas difficile de transformer sa destination en greffant sur lui des entes d'abricotier. Si je crois à l'existence d'un Dieu personnel, il ne me répugne pas d'admettre qu'il peut, par des moyens infiniment plus puissants, influer sur la marche de l'univers. Rien de plus rationnel que la réserve où je me tiens. Je ne voudrais pourtant pas, pour éviter un excès, tomber dans un autre. Ai-je un moyen de m'assurer, sans l'ombre d'un doute, que Dieu répond à mes prières par des miracles authentiques ?

J'ai, par exemple, un parent atteint de la fièvre typhoïde. Le médecin le juge dans un état désespéré. Nous sommes tous dans une désolation à peine dissimulée par des sourires de confiance devant le moribond. Il ne reste plus, à notre avis, qu'une ressource, la supplication ardente, continue, obstinée. Nous prions. Miracle ! Un mieux se dessine, cette précieuse existence nous est conservée. Dieu nous a donc exaucés ! Dans l'enthousiasme du succès, je laisse déborder l'expression de ma foi devant un ami que je sais un peu lent à se prononcer, non qu'il soit incrédule, quoi qu'en disent les exaltés, mais parce qu'il aime d'aller au fond des questions. Comme il a du tact, il évite de me brusquer, pour ne pas paraître profaner, après des craintes si cruelles, une joie très légitime. Il y va donc avec les précautions d'un esprit délié, amène et élégant. Je ne soutiens pas, insinue-t-il, que vous avez tort de crier au miracle, puisque je me déclare incapable de prouver son impossibilité. Supportez néanmoins que je fasse une observation. Je n'aurais pas commis l'inconvenance de la formuler, pendant que vous étiez dans les affres de l'incertitude ; maintenant que le danger est passé, je puis, pour le plaisir de discuter, émettre mon opinion. Je ne crois pas que nous soyons en mesure, avec les connaissances dont nous disposons, de démontrer sûrement la réalité d'un miracle. « Un miracle, d'après Pascal, est un effet qui excède la force naturelle des moyens qu'on y emploie » ; en d'autres termes, c'est un fait qui ne se serait pas produit, si Dieu ne s'en était mêlé particulièrement, parce qu'il est en dehors des lois de la nature, connues ou inconnues. Or, quand un événement inattendu nous arrive, comment prouverez-vous qu'il n'était pas préparé à votre insu par des causes cachées ? Votre parent avait été condamné par le docteur ; est-ce une raison de croire que la mort devait fatalement suivre ce diagnostic, à moins que Dieu, gagné par vos prières, ne se décidât à enrayer le mal ? Ce docteur, je veux l'admettre, est un savant. Si savant qu'il soit, il ne sait pas tout, et quoiqu'il eût jugé mortelle la maladie, connaissait-il absolument la force de résistance opposée par le tempérament du malade ? Ce raisonnement peut s'appliquer à une multitude infinie de cas. La promptitude avec laquelle nous crions au miracle, quand il se passe un fait frappant qu'on n'aurait jamais cru réalisable, témoigne d'un peu de légèreté, car elle signifie que le domaine du possible doit s'arrêter à la limite fixée par notre ignorance, comme si vraiment nous étions aptes à discerner tout ce dont la nature est capable. Quand donc apprendrons-nous à être plus réservés dans nos jugements en des matières où éclate notre incompétence ?

Si des grâces matérielles nous passons

aux grâces spirituelles, nous rencontrons la même objection. Vous demandez à Dieu de vous assister contre les tentations ou de vous soutenir dans vos épreuves. Après avoir prié, vous vous sentez plus fort ou consolé : est-ce un miracle? Par quel argument décisif démontrez-vous que Dieu, touché de votre supplication, vous a réellement influencé? Un ami vous inspire par sa droiture, sa bonté et son intelligence une confiance exceptionnelle. Dans le malheur vous avez recours à lui, pour en obtenir du réconfort. Il vous parle avec tant de bon sens, il vous témoigne tant de sympathie qu'en le quittant vous êtes comme renouvelé. Cet ami, vous ne pouvez pas en douter, a produit une impression sur votre âme. Mais Dieu, le voyez-vous, l'entendez-vous? Par quel moyen s'est-il rendu sensible à votre cœur? La prière, cela n'est pas en discussion, vous a fait moralement du bien. Ce bien, d'où vient-il ? Est-ce de Dieu lui-même ou de l'idée que vous vous en faites? Vous vous le représentez comme un ami plein de sagesse et de miséricorde, sévère pour l'injustice et indulgent pour l'homme sincère ; il n'est pas étonnant que, le sachant près de vous puisqu'il est présent partout, vous soyez amélioré par une prière qui vous établit en communion avec lui. Chacun sait par expérience la puissance des maximes profondément enracinées dans l'esprit. Beaucoup de gens, la majorité, prient sans qu'il en résulte pour eux un profit spirituel. Ils obéissent à une habitude, ils récitent des mots à peu près comme une boîte à musique, montée à des heures consacrées, émet son petit air. Dieu n'agit sur votre conscience que dans la mesure où vous êtes persuadé avec bonheur qu'il vous accorde sa protection.

Dépend-il toujours de votre volonté d'avoir cette conviction? Il vous arrive trop souvent d'être ou mal disposé ou assailli par des doutes. Dans d'autres circonstances, sans que vous puissiez assigner la cause de ce changement, c'est dans votre âme un envahissement de la foi, accompagné d'un bien-être inexprimable. Dieu s'est-il manifesté par une action spéciale? Quelle preuve en avez-vous? Vous êtes dans une profonde ignorance de vous-même. Pas de tâche plus malaisée que celle du psychologue cherchant à voir dans son âme. Il y faut une faculté rare, celle de se replier sur soi-même pour se voir passer en quelque sorte, beau-

coup de finesse et d'attention pour démêler
les faits moraux dans l'enchevêtrement où
ils se présentent, l'art de les classer avec méthode et de les exprimer avec clarté. Sont-ils
nombreux, parmi les pratiquants de l'oraison,
ceux qui se doutent de ces difficultés ? Les
esprits réfléchis conviennent que l'homme,
machine compliquée, est mû par une multitude de ressorts qui, cachés dans les profondeurs de l'organisme physique ou spirituel,
inconnus ou à peine soupçonnés, agissent
presque toujours à notre insu. Voici un incroyant dont la vie s'est passée dans le désordre. Tout à coup une clarté se répand
dans son âme dont il aperçoit la laideur.
Jusque-là il était inconscient de son péché
avec une pointe d'agression contre les puritains accusés par lui de n'être que d'insupportables censeurs. Des dévots crient au miracle de la grâce, parce qu'aucun symptôme
ne faisait pressentir une conversion si subite.
Lui-même, plus étonné que son entourage,
se croit surnaturellement visité par Dieu.
Qu'en savent-ils les uns et les autres ? Ils ne
voient, dans ce drame de la vie intérieure,
que l'éclat final. Les causes multiples ayant
travaillé dans l'ombre, les affinités secrètes

pour des idées en apparence antipathiques, la préparation latente qui mène insensiblement à un résultat auquel on ne songe pas, tout cela passe inaperçu, et le dénouement de la conversion s'offre comme une révolution radicale. Elle a ce caractère, puisque la direction de la vie s'en trouve changée, mais ses racines plongent dans le sol mal connu du subconscient.

D'ailleurs le psychisme, science nouvelle et de plus en plus étudiée, ne signale-t-il pas une grande variété de phénomènes prodigieux, mouvements d'objets sans contact, seconde vue, écriture directe, apparitions matérialisées, etc..., mentionnés dans les littératures de l'antiquité et du moyen âge, dans la Bible et les légendes des saints, attribués à des interventions de Dieu ou du diable, qui sont classés par les esprits éclairés, comme les bolides et les éclipses, parmi les faits extraordinaires et nullement miraculeux? Il y a là un domaine immense, obscur, fascinant où nous attendent les surprises les plus émouvantes. Cela ne donne t-il pas à réfléchir? A quels signes distinguera-t-on, parmi les phénomènes supranormaux, ceux qui émanent de la volonté générale de la Providence et ceux qu'il conviendrait d'attribuer à des volontés particulières ?

Mais alors, objecterez-vous, que devient la prière? Vous n'adressez à Dieu aucune demande, puisque vous ne pouvez avoir la preuve de l'exaucement. Dans le doute vous devez vous abstenir et les douceurs du mysticisme vous sont interdites. La prière, répondrons-nous, n'affecte pas chez tous les individus le même caractère, sans doute parce qu'ils n'ont pas la même notion de la Divinité. Prenez dans un groupe de chrétiens plusieurs personnes différentes de culture, d'éducation et de condition : sous l'adhésion apparente à de communes croyances, quelle variété de sentiments et d'idées !

Les unes se font un Dieu mesquin, assez capricieux, réduit à leur taille, très semblable, dans sa majesté de personnage invisible, à ces grands de la terre dont on sollicite les faveurs avec toutes sortes de précautions. Elles lui parlent comme fait un subordonné à son patron dont il espère obtenir un profit. Le subordonné, s'il est habile, commence par exposer sa requête avec clarté pour être bien compris du patron qu'il juge, non sans raison, ignorant de ses désirs. Il prend l'attitude d'un inférieur humble, suppliant, plein de bonnes intentions, décidé à témoigner sa reconnaissance. Peut-être l'avantage qu'il vise ne sera-t-il obtenu qu'au détriment d'autres solliciteurs plus méritants. Il ne s'en inquiète pas. Dans son égoïsme ingénu, il se conduit comme si son maître, une fois renseigné, devait le satisfaire. Ses démarches sont-elles bien accueillies, il remercie avec effusion, promptement oublieux de ce bienfait comme d'une chose très naturelle qui ne pouvait pas ne pas arriver. Est-il déçu dans son attente, il se croit lésé, il se révolte, il maudit. Que de gens n'agissent guère autrement à l'égard de la divinité! Le sauvage brise son fétiche de qui il n'a pas reçu ce qu'il souhaitait. Pensez-vous que Louis XIV, après la défaite de Ramillies, lorsqu'il montrait les poings au ciel, en s'écriant : « Dieu a donc oublié tout ce que j'ai fait pour lui ! » pensez-vous que le grand Roi, dans son majestueux Versailles, entouré de courtisans parmi lesquels figurait l'Aigle de Meaux, était considérablement supérieur à un Zoulou? Il n'y a pas de puérilités que la superstition n'introduise dans les pratiques de la dévotion, même chez des

des gens ornés de toutes les élégances de la mondanité avec des prétentions au bel esprit. La piété devient dans leur âme quelque chose d'étroit, de prétentieux et d'autoritaire qui prêterait à rire, si les malintentionnés n'en tiraient pas un argument contre la religion.

Combien différent le Dieu de l'homme qui se laisse guider par la raison, en résistant le plus possible aux suggestions de l'égoïsme ! Ce Dieu, conscient comme nous, est une personne à qui je m'adresse avec la conviction qu'elle m'entend. Cependant je ne saurais, sans méconnaître sa grandeur, lui prêter les qualités d'un protecteur ordinaire. Je me le représente tout-puissant, omniscient, parfait, mieux renseigné sur moi que moi-même, car je le suis bien peu. Si je lui expose mes vœux en termes pressants et minutieux, j'ai l'air de croire que, non instruit de ma situation, il est susceptible de modifier ses desseins, selon que je suis plus ou moins persuasif. Que j'aie cette opinion du plus intelligent de mes amis, c'est naturel : l'avoir du Maître de l'univers, n'est-ce pas la marque d'un grossier anthropomorphisme ? A-t-il besoin, dans son infinie sagesse, qu'on lui trace une ligne de conduite? Présent partout, sans cesse agissant par des lois qui sont l'expression de sa volonté, réalisant la perfection de la connaissance dans la plénitude de la force, il a tout disposé, quelles que soient les apparences, pour le triomphe final du bien. Il a prévu que l'homme pourrait, par ses manquements à la loi morale, occasionner des troubles dans le monde ; il a paré à cet inconvénient par une organisation adaptée à la justice. Il est là près de moi, puisque, selon l'apôtre Paul, « nous avons en lui la vie, le mouvement et l'être », et ma prière consiste à me pénétrer du sentiment de sa présence, à me rendre, du moins en intention, digne de son amour par la pureté de mon cœur, dans l'attente de la patrie céleste, avec une joyeuse confiance. Mes regards se dirigent vers lui comme la fleur chargée de rosée se tourne à l'aurore vers le soleil. Je lui confesse instinctivement mes peines, quoiqu'il n'ait pas besoin d'en être informé, avec l'émotion d'un fils qui se soulage à épancher son cœur dans celui d'un père, et je m'impose l'obligation, en me contredisant trop souvent, car je suis pétri d'inconséquences, d'accepter humblement ses décrets infaillibles. N'est-ce pas ainsi que Jésus comprenait la prière, lorsque, saisi d'une tristesse mortelle, la face contre terre, il s'écriait, à Gethsémané : « Mon Père, s'il est possible, que ce calice passe loin de moi ; toutefois que ta volonté soit faite et non pas la mienne » ?

Mon Dieu, je me sens attiré vers toi par toutes les puissances de mon être. Que suis-je ? Qui es-tu ? Mon esprit se trouble et se perd dans l'abîme du mystère. Je crois que tu es l'Organisateur de cet univers où éclate, malgré beaucoup de mal, un ordre attestant l'action d'une volonté qui poursuit un but. Je m'établis avec sécurité dans cette certitude sans laquelle la vie ne vaudrait pas la peine d'être vécue. Plein de cette pensée, je fais monter vers toi, du fond de ma misère, la prière de l'humble créature. Je veux lutter contre la tentation de te solliciter sans cesse, moi qui, dans la nuit de mon ignorance, ne suis pas même renseigné sur mon véritable bien. Je me soumets à ta volonté, quelle qu'elle soit, persuadé que tous les événements d'ici-bas ont une utilité qui m'échappe. Que sont dans l'éternité les quelques instants de mon existence terrestre ? Ils n'ont de sens que dans un ensemble, entre un passé qui a peut-être précédé ma naissance et un avenir au delà de la tombe qui les expliquera. Voilà pourquoi, ô mon Dieu, je t'aime avec transport, comme on aime une harmonie dont les accords remplissent l'âme d'idéal. Sans toi toutes choses s'agitent dans un chaos où le hasard seul amène des combinaisons qui ne produisent rien de prémédité. Je ne serais alors qu'un éphémère nourri d'illusions dont on s'enchante, exposé, quand survient la réflexion, à l'amertume du désespoir. Sois béni, Père adorable, de ce que tu m'as fait porteur d'une haute destinée ! Je me résigne à des douleurs présentement incompréhensibles, en considération des surprises qui m'attendent, lorsque, sorti de ma prison de chair, je vivrai dans un monde plus pur. La joie que j'éprouve à m'unir à toi m'est une preuve que je suis en ce moment dans la vérité. Mais à cette joie se mêle une douleur. Qui suis-je pour oser t'invoquer ? Mon aspiration sort d'une âme souillée par le péché. Il me répugne de regarder dans l'intérieur de ma conscience, un mauvais lieu où grouillent toutes sortes de sentiments dont quelques-uns très beaux sont comme des fleurs épanouies sur un tas d'immondices. Il n'est pas une de mes actions, parmi celles qu'on approuve, qui, vue de près, ne soit entachée d'égoïsme. Aie pitié de mon indignité, Père saint ! Je suis abattu en songeant à mon néant. Quelle n'est pas néanmoins la noblesse de ma vocation ! En me créant libre, tu m'as confié la tâche de travailler sous ton regard à mon relèvement. Quel secours dois-je attendre de ta grâce dans cette œuvre où se manifeste mon infirmité ? Je l'ignore et cependant je sens qu'une vertu grandit en moi, quand je t'adore. Je suis le passant égaré dans des marécages qui, à un détour du chemin, se trouverait devant un sublime horizon radieusement égayé par le soleil. Bien-être profond ! Dans le calme auguste de mon âme rassérénée, j'entends les bruits lointains de la Terre promise qu'il m'incombe de conquérir en me sanctifiant. Je pense avec ravissement à cet avenir de lumière, de justice et de beauté où mon esprit, affranchi du corps, progressera indéfiniment. Est-ce bien possible ? Tant de grandeur dans ma petitesse ! M'échapper tout meurtri de ce cachot pour aller, sur des plans supérieurs, à la découverte de vérités nouvelles ! Mon cœur tressaille d'allégresse, malgré la perspective des luttes à soutenir, avant d'avoir mérité un bonheur complet. Que ne puis-je me maintenir à cette hauteur d'espérance ! Ce serait un avant-goût de la béatitude céleste. Je suis contraint, hélas ! de redescendre dans le bourbier terrestre où m'attendent, un moment assoupies, de vilaines passions qui me feront escorte jusqu'à mon dernier soupir. Pitié, Seigneur, pour un pécheur qui s'accuse ! Pitié pour ton enfant qui souffre !

CHAPITRE XVI

LA QUESTION DE L'AU-DELA

S'il n'y avait pas une autre vie, comment pourrais-je croire à l'existence de Dieu, puisque le mal sans aucune perspective de réparation me détournerait de lui. Grâce à l'avenir qui m'est réservé, j'aurai plus tard, en évoluant, des moyens d'information dont je suis présentement privé. Je préférerais posséder dès maintenant l'explication du problème; je ne dois pas m'étonner que, dans ma condition précaire, le mystère de mon origine s'ajoute à tant d'autres mystères. La grande affaire est d'avoir de la réalité de l'Au-delà une preuve assez forte pour calmer mon inquiétude. Où la chercher? Par quelles raisons suis-je incliné à admettre une doctrine qui seule met de l'ordre dans ma pensée?

Je constate d'abord que, généralement, on l'approuve plus qu'on n'y croit. L'enseignement des Églises est imprégné de l'idée que chacun revit dans un autre monde où nos œuvres nous suivent ; mais faites une enquête dans votre entourage, vous constaterez qu'ils sont rares les gens parlant de la mort avec la sérénité du croyant. Vous verrez même souvent chez des pratiquants une hésitation d'autant plus étonnante qu'on les froisserait beaucoup en les soupçonnant de ne pas accepter le dogme intégralement, tant les hommes se soucient peu d'être logiques. Le matérialisme a tellement ravagé les âmes qu'on voit ses effets en des personnes qui se font un mérite de le répudier. Impressionné par cette dégénérescence de la foi, je vais à la recherche d'une preuve de l'immortalité.

Je m'adresse de préférence, et c'est assez naturel, à l'Église qui m'impose le plus par sa prétention à l'infaillibilité. Le plus sûr moyen quelquefois de faire accepter une opinion est de la poser comme indiscutable, en la disant émanée miraculeusement de Dieu. Bien des esprits, dans les milieux éclairés, se laissent gagner par le ton de domination d'un clergé qui vous dispense de courir les aventures sur le terrain de la discussion, puisqu'il se charge de vous y conduire. Certains d'entre eux, épouvantés par les ruines qu'entasse l'incrédulité, sont au fond des sceptiques qui se réfugient dans un semblant de croyance, beaucoup moins par amour de la vérité que pour sauvegarder des intérêts. J'ai donc recours au prêtre de ma paroisse. Sur quels arguments, lui dis-je, établissez-vous la doctrine de la vie future ? Sans se lancer dans la métaphysique dont il ne semble pas très épris, il me parle d'un plan de rédemption dans lequel le Christ, seconde personne de la Trinité, apparaît à son heure pour sauver l'humanité déchue. A chacun de s'approprier par la foi les mérites du Sauveur pour gagner le ciel, tandis qu'on s'expose, par l'obstination dans l'erreur, à souffrir éternellement dans les flammes de l'enfer. De moins coupables font un stage dans le purgatoire, avant d'obtenir la félicité réservée aux justes. Ne vous mettez pas en peine de votre salut : l'Église vous le garantit avec la tendresse d'une mère pourvu que vous lui accordiez sans raisonner votre confiance, car le pire des dangers est de prétendre avoir une opinion à soi.

S'abandonner au prêtre avec la conviction qu'il représente Dieu, c'est pour le fidèle une source de satisfaction. Malheureusement il ne suffit pas, pour croire, de vouloir. Lorsque le doute a pénétré dans l'esprit, il faut, pour l'en expulser, si on professe le culte de la sincérité, s'armer de raisons. Mon curé m'affirme que l'Église détient le trésor de la Révélation. Son assertion ne porte pas le caractère de l'évidence, comme le soleil répand la clarté. Il a beau s'attribuer le pouvoir d'un directeur de conscience, je lui oppose mon droit de le contredire, avant de donner mon assentiment. Je prends donc la liberté de lui poser des objections. Il s'en étonne comme si je commettais un sacrilège. Il se résigne quand même à argumenter, pour ne pas paraître redouter la controverse, et je m'aperçois qu'il en revient toujours, en discourant très ingénieusement, à justifier sa croyance par des textes des Livres sacrés qui auraient eux-mêmes besoin d'être justifiés. Quand je lui fais observer que son argumentation prête le flanc à des critiques, il me répond : C'est un mystère ! et il conclut que le devoir est de croire sans comprendre. Je juge alors inutile de prolonger la conversation, car nous ne parviendrions jamais à nous entendre, lui tenant pour l'infaillibilité de son Église dont il ne fournit pas une preuve à mon avis satisfaisante, moi me sentant incapable de croire sans être persuadé.

Je me tourne alors du côté des philosophes, parmi lesquels je choisis un spiritualiste. Celui-ci s'efforce de me prouver que la destinée de l'âme n'est pas absolument liée à celle du corps et que des considérations puisées dans la conscience plaident en faveur d'une autre vie. Il me prend dans sa dialectique comme dans un étau; cependant, même lorsque je saisis bien sa pensée, je reste, quoique lancé sur la pente de la croyance, un peu froid, avec cette présomption qu'en dehors des mathématiques, un raisonnement, si solide qu'il soit, repose sur une base mobile qui est la personnalité du raisonneur. Vous savez ce que vaut au fond un système de philosophie, déconcertant par son instabilité, aujourd'hui réputé invincible parce qu'il a la vogue, demain battu en brèche parce qu'un nouveau penseur a su avec talent détourner le succès vers une autre conception de l'univers. Quand on s'engoue pour un système, est-on sûr d'avoir envisagé les objections qu'il laisse sans réponse? Ne vous est-il jamais arrivé de discuter avec des intellectuels qui vous exposaient des arguments auxquels vous n'aviez pas songé? Étant dans un cas de légitime défense, ils les enfonçaient comme des coins dans votre esprit, sans aucun souci de votre peine. Il vous semblait que vous étiez dans une maison dont les murs chancelaient. Après avoir subi le choc, vous reveniez à votre opinion par la pente de l'habitude, car les convictions d'un individu ne sont pas ordinairement à la merci d'une discussion. Qui sait même si, vous étant mal défendu, vous n'êtes pas resté par amour-propre plus affirmatif, avec une pointe de dépit contre l'adversaire? Quoi qu'il en soit, la métaphysique, très habile à poser les problèmes, ne donne pour solutions que des probabilités.

Et pourtant, parmi les adeptes de la philosophie comme parmi les pratiquants des Églises, on rencontre de fermes croyants à la doctrine de la vie future. Ils ont trouvé la sécurité dans des abris que vous jugez gravement menacés. Peut-être vous prennent-ils en pitié. Ne les imitez pas, car on arrive quelquefois au même but par des voies différentes. La religion, en faisant appel au sentiment et à la tradition, vous plaît, à moins que la philosophie, en s'adressant surtout à la raison, ne vous attire davantage ; mais, à ces deux forces, s'il était possible d'en ajouter une troisième les complétant, où serait l'inconvénient ? Incontestablement la croyance à l'Au-delà est en déclin dans notre génération positive qui réclame des preuves positives. Ces preuves existent-elles ? Il vaut la peine de s'en enquérir. Or, à cette question, bon nombre de nos contemporains répondent par l'assertion que les morts communiquent avec les vivants.

Cette déclaration paraît si étrange à ceux qui n'y sont point préparés qu'ils dédaignent de s'informer des raisons sur lesquelles on l'appuie. Elle fait néanmoins son chemin, non seulement dans des milieux où l'ignorance engendre aisément la superstition, mais aussi parmi les penseurs de haut vol, chez des savants de premier ordre que l'habitude de l'expérimentation et le souci de leur renommée rendent extrêmement méfiants. Il est invraisemblable que des esprits éminents certifient dans tous les pays l'authenticité des mêmes phénomènes, sans qu'il y ait une réalité à la base de leur affirmation. Nous assistons actuellement à une évolution de la pensée dont on ne diminuera pas l'importance par des railleries de bourgeois s'estimant fort sages parce qu'ils se sont prudemment immobilisés dans le préjugé.

Les faits invoqués ne sont pas nouveaux. Il en est d'eux comme de l'électricité dont les manifestations avaient frappé l'imagination avant qu'on eût inventé des moyens de la produire. Aujourd'hui on observe méthodiquement ces phénomènes appelés psychiques, parce qu'ils semblent dirigés par des intelligences, et nul ne peut dire où on s'arrêtera dans cette voie. Les témoignages autorisés sont désormais assez nombreux pour qu'il soit permis d'envisager le temps où on croira au psychisme comme on croit à l'hypnotisme dont on a tant ri au début. Les moqueurs y seront pour avoir manqué de cet esprit de finesse qui fait deviner la valeur d'une découverte.

Cependant, objecte-t-on, lorsque l'authenticité des phénomènes sera unanimement admise, les esprits ne resteront-ils pas divisés sur leur explication ? Le spiritisme ne sera-t-il pas une hypothèse, très plausible peut-être, mais toujours discutable, soumise aux mêmes fluctuations que les systèmes de philosophie ou de théologie, de sorte que nous serons replongés dans l'indécision, après nous être bercés de l'espoir d'en sortir ?

Ils s'illusionnent singulièrement ceux qui, dans les questions où la conscience est intéressée, visent à une certitude susceptible de n'être contestée par personne. Vous connaissez des gens, et ce sont ordinairement les moins réfléchis, qui s'expriment avec un ton tranchant sur toutes sortes de sujets, ce qui ne les empêche pas, quoique possesseurs de vérités immuables, de changer facilement d'opinion, parce qu'ils n'ont pas des idées claires. Quelle triste figure nous ferions presque tous si, sur une foule de questions dont nous parlons péremptoirement, nous avions à passer un examen devant un jury de professeurs ! Devrait-on, par crainte de se tromper, n'avoir aucune opinion ? Il y a des cas où un manœuvre peut, dans la simplicité de son âme, se prononcer avec autant de décision qu'un académicien, quoiqu'il soit inhabile à formuler un jugement, parce qu'il exprime des sentiments profondément humains, par exemple l'admiration pour un héros ou le mépris pour un traître. Il n'est pas impossible, car tout arrive, que le héros soit traité de fou par quelques-uns et que le traître soit excusé par d'autres ; l'honnête homme ne persistera pas moins dans son avis, pour conserver l'estime de soi-même. Qu'un matérialiste lui oppose son raisonnement, il sera peut-être incapable de le réfuter, mais il se défendra par la protestation de sa conscience. Nous ne pouvons pas tout démontrer géométriquement, nous sommes sans cesse amenés à parier et notre pari a quelquefois pour fondement une probabilité si forte qu'il en résulte une conviction inébranlable.

Revenons à l'Au-delà que nous n'avons pas perdu de vue. Je constate d'abord un fait indéniable, c'est que l'authenticité des phénomènes psychiques, sans excepter les plus étonnants, est désormais reconnue, après le contrôle le plus rigoureux, par des savants qui les expliquent différemment. Les uns, les animistes, croient en trouver la cause dans les forces naturelles inconnues qui se dégagent du médium, dans le subconscient ; les autres, les spirites, ne nient pas l'action de ces forces, mais ils soutiennent qu'elles sont, dans certains cas, utilisées par des personnalités de l'Au-delà qui, avec plus ou moins de succès, essaient de se communiquer à nous. Ces deux explications sont des hypothèses dont la valeur dépend de leur adaptation aux faits. Ni l'une ni l'autre ne s'imposent avec une évidence contraignante, car, si cette évidence existait, la discussion serait close.

Je cherche donc à me rendre compte de ces phénomènes supranormaux et, quelle que soit ma résolution de rester impartial, je ne puis me dégager de mes dispositions intellectuelles et morales. Si, par tempérament, j'ai une tendance à ne voir que les côtés faibles de tous les partis, je suspendrai toujours mon jugement, trop exigeant pour être jamais satisfait. Si, disciple fervent du matérialisme, j'ai la certitude que la mort du corps est nécessairement suivie de celle de la personne, je suis condamné, quoi qu'il advienne, à taxer d'absurdité le spiritisme. Si, au contraire, le spiritisme a mes sympathies, je n'arrive pas inévitablement à l'explication spirite, mais je me sens libre de l'examiner avec la possibilité d'y croire, pourvu qu'elle soit accompagnée de titres suffisants. Je suis dans ce cas, semble-t-il, dans de meilleures conditions pour me prononcer avec indépendance.

Me voici en présence de l'hypothèse animiste. Les arguments sur lesquels elle repose ne sont certes pas dénués de valeur. Les supposées communications avec les Esprits sont souvent de nature à vous déconcerter, se contredisant, ne répondant pas aux questions les plus simples, contenant de grossières inexactitudes ou reflétant la pensée du médium, de quoi ébranler parfois les plus fermes. Comment se fait-il alors que des savants et des penseurs éminents, des professionnels de l'expérimentation et de l'observation, habitués à raisonner avec vigueur et très exactement informés de ces difficultés, se soient ralliés à l'hypothèse spirite, après avoir longtemps essayé de s'en tenir à l'hypothèse animiste ? Il faut bien que les arguments qui militent en sa faveur soient extrêmement sérieux, car, dans le cas contraire, ils compromettraient étourdîment leur réputation. Or, le caractère dominant des phénomènes dont s'autorise le spiritisme est de porter la marque de personnalités douées d'intelligence, de mémoire, de volonté et faisant avec persévérance des efforts pour tendre vers des buts.

Les animistes n'en disconviennent pas. La question est de savoir si ces personnalités ne sont pas simplement des projections du médium, liées à lui comme l'ombre l'est à un objet.

Les spirites, se basant sur l'expérience, observent que ces personnalités agissent comme si elles avaient à lutter contre des obstacles énormes, ceux que nous rencontrerions nous-mêmes dans un milieu non adapté à nos organes. Elles entrent en rapport avec nous par le moyen des médiums qui sont des instruments plus ou moins bons et, en cette qualité, donnent lieu à des communications de valeur inégale, en y laissant quelquefois leur empreinte. C'est la part du subconscient qu'il serait téméraire de contester. Mais, pour ne pas être suspect de partialité en faveur de l'animisme, il importe d'insister sur les cas, assurément rares et néanmoins suffisants, où ces personnalités présentent des traits qui ne permettent guère de les confondre avec le médium. Je citerai notamment ceux où il est révélé des choses absolument inconnues du médium et les apparitions matérialisées. Voici une table qui, par les coups frappés, vous donne le nom d'un homme dont vous n'avez jamais entendu parler, son âge, la date de sa mort, quelques détails de sa vie, l'adresse de sa maison dans un pays éloigné. Vous demandez des renseignements qui, à cause de la distance, n'arrivent qu'après des recherches difficiles et des mois d'attente, et il se trouve que la communication est d'une exactitude stupéfiante. Voici, dans une séance de matérialisation, un fantôme qui apparaît, pendant qu'on voit le médium en trance immobilisé sur sa chaise par des liens solides, il circule parmi les assistants, il se laisse toucher, il parle, il écrit, il respire, il est vêtu, on le photographie et, quelques instants après, il ne reste rien de lui. Dira-t-on que c'est un phénomène de réversibilité, une merveille produite par le subconscient? Je me déclare incapable de prouver le contraire avec une évidence mathématique, parce que nul ne peut se flatter d'avoir assez approfondi les pouvoirs du subconscient pour en fixer définitivement la limite. Ses partisans ont donc la ressource, quand ils sont aux prises avec des faits qui les embarrassent, d'en reléguer la cause dans les brouillards de l'inconnu, ce qui les dispense de recourir à l'intervention des Esprits. Il faut convenir cependant que ce subconscient du médium qui possède la faculté d'énoncer des faits absolument ignorés dont on ne peut alléguer, avec une apparence de raison, qu'ils émergent de la mémoire latente, et qui, de plus, dans une même séance, crée successivement des êtres vivants, différents de sexe, d'âge, de taille et de costume, il faut, dis-je, convenir que ce subconscient hypothétique nous force à grimper sur les plus hautes cimes du prodige. Le spiritisme, à y bien réfléchir, n'exige pas de nous une plus forte dose de crédulité ; pour trouver plausible son explication, il suffit de n'avoir aucun parti pris contre la doctrine de la survivance. En pariant, moi spirite, pour l'existence d'une personnalité invisible qui se communique, grâce aux ressources exceptionnelles que lui fournit le médium, je ne sors pas de la vraisemblance ; j'y suis même beaucoup plus, car il n'est pas irrationnel de supposer que, derrière des phénomènes physiques et intellectuels où éclatent des traits distincts d'organisme et de caractère, se cachent des personnalités distinctes. Je n'ai garde d'invoquer en faveur de mon opinion, pour employer le terme de l'école, une certitude apodictique : ce serait douter sottement de la bonne foi ou de l'intelligence de mes contradicteurs. Mais je suis sûr, pour mon propre compte, comme on l'est dans une foule de circonstances où on affirme résolument, en vertu d'un sentiment irrésistible et d'une intuition souveraine, la vérité d'une idée, sans pouvoir en fournir une preuve irréfragable. C'est que le probable est quelquefois si proche voisin du certain qu'il lui est presque identique.

« Vous comprenez comment ces phénomènes supranormaux, quand on adopte l'explication spirite, apportent à la doctrine de la survie un supplément de force. Il n'y avait peut-être en vous qu'une vague espérance, un peu de feu recouvert de cendre, et il a suffi de ces faits, directement observés ou attestés par des témoins dignes de confiance, pour que le foyer à moitié éteint devînt ardent. Peut-être aussi aviez-vous une croyance ferme ; elle a gagné un surcroît de vitalité, en prenant un caractère plus positif. Vous n'êtes pas sans avoir constaté cette reviviscence de la foi chez des gens, et ils sont plus nombreux qu'on ne pense, à qui il ne manquait, pour cesser d'être incrédules ou pour s'élever à l'enthousiasme, que ce stimulant.

Qu'il nous soit permis d'invoquer notre propre expérience. Le moi, dit-on, est haïssable ; il l'est moins lorsqu'on parle de soi de manière à produire chez les autres l'impression qu'on parle aussi d'eux-mêmes. Nous croyions à l'immortalité de l'âme longtemps avant d'avoir abordé l'étude du spiritisme ; nous y croyions parce que nous avions été élevé dans le culte de la tradition, avec un besoin inné de justice et l'irrésistible sentiment que la destinée de l'homme serait absurdement tronquée, s'il n'y avait pas un Au-delà où nos tendances aboutissent. Un moment vint où, dans une crise douloureuse, notre orthodoxie croula sous le souffle de la critique, comme un chêne séculaire qui s'abat dans un cyclone avec un craquement sinistre. Cependant, nous nous en souvenons, dans la ruine du vieux dogme qui nous avait été si cher, la foi à la vie future restait debout, nécessaire à notre âme désemparée, quoiqu'elle fût un peu voilée par la poussière de la démolition. Les raisons tirées de la conscience réclamant une sanction à la loi morale nous frappaient plus que les spéculations de la métaphysique sur l'immatérialité de l'esprit dont la portée nous échappait. Mais, depuis qu'il nous était venu des doutes sur la résurrection corporelle du Christ combattue par tant de théologiens, notre foi, très sérieuse pourtant, flottait dans l'abstraction. Nous la conservions dans notre cœur comme une vérité qui se recommande par son excellence ; nous l'eussions voulue plus positive. A cette époque, nous nous moquions agréablement du spiritisme, nous faisant même un devoir de l'attaquer, d'autant plus inébranlable que nous n'aurions pas consenti, de peur de perdre notre temps, à l'étudier. Il y avait alors très peu d'ouvrages ; le nombre en a considérablement augmenté depuis, avec un éclat dont il est difficile de n'être pas impressionné. Un jour, le hasard d'une conversation nous amena à causer de ce sujet dans une réunion où se trouvait une personne initiée. Nous proposâmes, sur le ton de la plaisanterie, de faire une expérience. On apporta un guéridon ; quatre messieurs placèrent leurs mains sur le plateau, plus de vingt minutes s'écoulèrent sans que le moindre mouvement se produisît. On allait abandonner la partie, lorsque, à notre grande stupéfaction, nous sentîmes le guéridon s'animer. Nous étions enjoué, nous devînmes grave. Quelle surprise de le voir, pour la première fois, frapper des coups et donner, à l'épellation, des mots, des phrases, des signes d'intelligence et de volonté ! Ce fut pour nous la révélation d'un monde nouveau. La prudence eût été d'imiter les habiles qui, pour ne pas se compromettre en bravant le préjugé, réservent leur opinion. Nous préférâmes rendre hommage à la vérité, car la contrainte nous eût été plus pénible que l'épanchement n'était dangereux en nous attirant les railleries dont nous avions eu le tort d'abuser. C'était une sorte d'expiation à laquelle nous nous exposions, assez inconsciemment d'ailleurs pour en avoir peu de mérite. Puisque nous étions en présence d'une force de la nature manifestée par des effets si surprenants, nous eussions cru nous amoindrir en la négligeant. Nous voulûmes donc entrer dans la littérature de l'occultisme et, à peine sur le seuil, nous sentîmes que, dans ce domaine, se préparait une révolution de la mentalité contre laquelle, comme d'habitude, réagiraient avec mépris les prêtres de toutes les églises, jusqu'au moment où, ne pouvant plus l'empêcher, ils essayeraient de l'utiliser. Des amis, préoccupés de ces phénomènes, sans être toutefois spirites, nous proposèrent de constituer un groupe d'expériences. Nous étions tous, nous nous en portons garant, si sérieux que la moindre tentative de supercherie, ne fût-ce que par amusement, eût passé pour un manque de tact. Nul besoin d'avoir l'esprit bien pénétrant pour apprécier le caractère des gens qu'on fréquente. Les plus experts dans l'art de la dissimulation ne jouent jamais leur rôle avec tant de perfection qu'ils ne laissent échapper des saillies par quoi ils se trahissent. Les débuts furent difficiles. Après plusieurs mois d'essais qui faillirent lasser notre patience par la pauvreté des résultats, nous obtînmes des lévitations, des raps dans les meubles ou sur le parquet, la mention par les coups de la table de choses que nous ne pouvions pas savoir, et, vingt-trois fois, le phénomène de l'écriture directe, de cette écriture à laquelle ne participe la main d'aucun assistant. Le succès nous avait tellement passionnés que nous attendions avec impatience les jours de séance. Impossible de se faire une idée, sans en avoir été témoin, de l'espèce de majesté qui enveloppe ces phénomènes, quand on y apporte les dispositions d'une âme ardente à la recherche de la vérité. Songez donc que, par eux, on entre dans la sphère du supranormal dont la plupart des hommes ignorent l'existence et qui bouleverse nos idées sur la matière et sur la vie. L'étonnement grandit encore lorsque les phénomènes physiques sont accompagnés de manifestations intellectuelles avec des traits de caractère si décisifs qu'on se croit en relation avec des personnalités invisibles.

Représentez-vous maintenant un homme chez qui ces expériences ont produit la conviction que les morts communiquent avec les vivants. Sa croyance à l'Au-delà, quoiqu'elle soit déjà entretenue par le catéchisme ou la philosophie, ne peut qu'en être consolidée. Jugez donc ! Sentir les disparus près de soi, semblables à des gens en liberté qui, du dehors, par des signes convenus, se révèlent à un pauvre prisonnier à travers les murs de son cachot, n'y a-t-il pas là de quoi révolutionner une âme ? Je connais des chrétiens que le spiritisme a réconfortés et des libres penseurs qui, insensibles à l'enseignement des Églises, ont cédé à l'ascendant des faits. Si l'on arrive à la foi par un chemin que vous ne connaissez pas, en quoi est-on à plaindre ou à blâmer ?

Direz-vous, comme les orthodoxes, que, grâce à la Révélation, vous avez la lumière du soleil, tandis qu'on vous offre celle d'une lanterne ? Vous êtes, nul ne le conteste, un traditionaliste très convaincu ; mais, vous devez vous en apercevoir, il y a un nombre immense et grandissant de vos contemporains qui, entraînés par le courant du siècle, nient ou doutent aussi résolument que vous affirmez. Les preuves qui vous suffisent les frappent au contraire par leur insuffisance. Vous leur parlez à votre manière de la vie future ? Ils vous répondent ingénument : « Nul n'est revenu de l'autre monde pour nous en donner des nouvelles. » Vous leur parlez des miracles de l'Évangile ? « C'est bien loin, disent-ils, pour aller vérifier. » Le soleil du vieux dogme ne peut pas les éclairer, puisqu'ils séjournent dans des lieux où sa clarté ne pénètre plus. Condamnés à errer dans la nuit, ce serait pour eux une excellente aubaine d'avoir à leur disposition une simple lanterne. Et qui sait si cette lanterne n'est pas un soleil levant dont on n'aperçoit que les premiers reflets sur les sommets des montagnes, en attendant qu'il resplendisse avec gloire dans la vallée ? Il ne faut pas oublier que le psychisme date d'un demi-siècle environ. Impossible d'imaginer toutes les conséquences que l'avenir en tirera. Si, comme le pensent des savants illustres, on arrive à démontrer expérimentalement la survivance de la personne humaine, la religion s'en trouvera-t-elle plus mal? Sera-ce un malheur que des arguments dont se contentent encore beaucoup de nos contemporains soient fortifiés ou même remplacés par d'autres mieux adaptés au goût des temps modernes?

Examinons un peu en détail ces phénomènes supranormaux, en parlant des personnalités psychiques. Nous en avons abordé l'étude dans un livre : *Les Phénomènes psychiques et la question de l'Au-delà*, et nous y sommes revenu, avec quelques répétitions et de nouveaux développements, dans deux conférences prononcées, l'une à Paris, en 1912, à la « Société Universelle d'Études psychiques », présidée alors par M. Camille Flammarion, l'autre à Genève, en 1913, pendant le « Deuxième Congrès Spirite Universel ». On ne refuse pas à un auteur le droit de faire à ses risques et périls une seconde édition de son œuvre. Nous en userons, en composant le chapitre suivant avec ces conférences revues, corrigées et diminuées.

CHAPITRE XVII

LES PERSONNALITÉS PSYCHIQUES

Des savants prétendent qu'il faut renoncer, pour le moment du moins, à chercher l'explication des phénomènes psychiques, le plus urgent étant de commencer par en bien établir l'authenticité.

Je ne conteste pas la valeur de ce raisonnement. Ceux qui le font se recommandent par le mérite de procéder avec des précautions parfois excessives peut-être, mais trop souvent justifiées par des supercheries. Grâce aux minuties de l'expérimentation, le progrès se réalise définitivement, quoiqu'il reste des esprits qui, fixés dans certaines idées, reculent devant la perspective d'en être délogés.

Il n'est cependant pas étonnant que des

investigateurs, parvenus à la certitude sur la réalité des phénomènes, poussent plus loin la curiosité. Ces phénomènes paraissent dirigés par des personnalités dont l'intelligence est au service d'une volonté tendue vers un but. Voici, par exemple, une table qui, sous la main immobile du médium, se meut, frappe des coups et donne, à l'épellation, des phrases auxquelles on ne s'attend pas du tout, en y ajoutant, avec le nom d'un défunt, des traits de caractère bien accentués. Ne suis-je pas excusable de me demander quelle est la personnalité qui s'oppose à moi dans une conversation pleine d'imprévu ? Ma première impression serait qu'elle a une existence indépendante de la mienne; mais, à la réflexion, averti des merveilles du subconscient, persuadé que les explications les plus simples sont quelquefois les moins vraies, je m'enquiers des motifs de douter, afin que ma foi, si j'arrive à croire, soit mieux fondée.

Inévitablement, je suis incliné vers une solution par mes principes en morale, en religion et en philosophie, sans compter mon tempérament qui a un peu sa part dans la formation de mes idées. Quoi qu'il en soit, notre sujet n'est pas de ceux qui doivent nous laisser impassibles. Il s'agit de s'enquérir si la personnalité agissant dans un phénomène psychique n'est qu'une projection du médium ou si elle est un Esprit de l'Au-delà momentanément mis en communication avec nous. On a beau regarder la mort en face avec la fermeté d'un stoïcien résigné à l'anéantissement, il y a des moments où l'on aimerait de pouvoir croire à la survivance, ne serait-ce que pour avoir un jour la raison de notre venue ici-bas. Cette étude ne saurait être assimilée à celle de la chimie et de l'algèbre où le problème de la destinée ne se pose guère. Il ne faut donc pas s'étonner qu'elle passionne tant d'âmes dans la crise actuelle de tous les dogmes.

Après une longue série d'expériences consignées dans plusieurs centaines de procès-verbaux, je me suis convaincu que le spiritisme est l'hypothèse qui donne des phénomènes l'explication la plus vraisemblable. Il me suffira, pour le but que je me propose, d'argumenter sur un fait de la réalité duquel je suis absolument sûr. Rien ne m'autorise à suspecter le témoignage de mes sens corroboré par celui de mes collaborateurs dans des groupes d'amis qui ont opéré pendant des années, sans que jamais le moindre soupçon de supercherie ait diminué l'agrément de leurs relations. Il est juste de convenir, avec un grand diplomate, que tout arrive ; mais ce n'est pas un motif, quand on a bien vu une chose, de se laisser ébranler par les négations des absents qui n'ont rien vu du tout.

Voici le fait en question. Dans la séance du 29 juillet 1905, dès que le médium a posé les mains sur la table, celle-ci, par des coups frappés, donne le nom de *Jean*, une personnalité qui s'était communiquée souvent, sans avoir jamais voulu nous annoncer qui elle était. A la question du président : « Qu'avez-vous à nous dire ? » il est répondu : *Essayez l'écriture directe*. Dans cette circonstance comme en beaucoup d'autres, la table commençait par tracer le programme de la séance, de sorte que nous n'allions pas à l'aventure. Nous étions constamment dominés par l'impression que quelqu'un nous dirigeait, quoique nous fussions d'avis différents sur sa nature. L'essai d'écriture directe avait été tenté bien des fois, mais sans succès. Nous entendions le bruit du crayon grinçant sur l'ardoise ; probablement il n'appuyait pas assez, puisque, contre notre attente, le résultat était nul.

Jean nous ordonne de faire l'obscurité et nous autorise à causer. On met un bout de crayon entre deux ardoises placées sur le guéridon. On éteint. Quatre personnes ont les mains sur le guéridon dont le plateau est si étroit que les coudes se touchent et que le moindre mouvement de l'une d'elles serait facilement remarqué par ses voisins. Le secrétaire consignant les plus petits détails, on n'a pas à redouter les infidélités de la mémoire dans la rédaction du procès-verbal, dont il n'y aura qu'à soigner la forme inévitablement négligée au moment où les notes sont prises. Un sixième assistant, chimiste à l'esprit très positif, est tout entier à sa tâche d'observateur averti et minutieux.

Après quelques instants, le guéridon frappe des coups. On épelle, on a le mot *Fini*. Aucun indice n'avait fait supposer que l'opération était terminée. Dans la nuit noire, toutes les ouvertures étant fermées, on n'apercevait pas plus les ardoises que si elles avaient été dans la cave. Il fallait donc que la réalisation du phénomène fût connue de quelqu'un qui n'était aucun d'entre nous, du moins consciemment.

On éclaire et, sur la face externe de l'une des ardoises, nous lisons le mot *Dieu* nettement tracé.

On remet la main sur le guéridon qui, sans attendre d'être interrogé, dit : *Êtes-vous contents ?* Vous concevez combien on est stupéfait lorsque, pour la première fois surtout, on assiste à l'éclosion de ce phénomène grandiose, une écriture se produisant d'elle-même, sans que la main d'aucun des assistants y ait participé. « Nous sommes très contents », répond le président, et la table d'ajouter aussitôt : *Recommencez*. On obtient, dans les mêmes conditions, *deux croix* sur l'une des ardoises. C'était beaucoup plus que nous n'osions espérer.

Le président demande ensuite s'il serait possible d'avoir de l'écriture directe sur une feuille de papier. Le guéridon répond affirmativement. Il est donc sûr de ses effets, alors que nous sommes dans l'ignorance la plus profonde de ce qui se prépare. Sans tarder, on prend une feuille sur laquelle on peut constater avec évidence qu'il n'y a rien d'écrit. On la met, avec un bout de mine de plomb, dans le cadre d'une ardoise. On éteint et on cause. Quelques instants s'écoulent ; le guéridon signifie par un mouvement que c'est fini.

Le secrétaire a l'heureuse idée de demander ce qui vient d'être écrit. Immédiatement, dans l'obscurité, le guéridon donne le nom de *Jésus*. On allume et, sur un coin de la feuille, nous lisons ce mot tracé au crayon, en caractères très lisibles. Nous ne pouvions pas douter qu'il y avait là, se mêlant à notre vie, durant une heure, une personnalité avec tous les signes de l'intelligence, de la volonté, de la préméditation et qui savait ce que nous ignorions tous, puisqu'elle nous le révélait. Sans l'intervention du secrétaire, on se fût empressé, avec une impatiente curiosité, d'allumer la lampe pour lire le message.

La séance durait depuis longtemps ; nous la suspendîmes pour nous reposer, tous fortement impressionnés. A la reprise, la table donne immédiatement le nom de *George*. — « Pourquoi ne vous êtes-vous pas communiqué au début ? — *Je ne peux pas écrire encore.* — Pourriez-vous nous parler par l écriture automatique ? — *Oui.* »

Le médium prend une feuille de papier, un crayon, et écrit un assez long message, sans aucune rature, si rapidement que la main formait à peine les lettres pour mieux s'adapter au mouvement de la pensée qui l'emportait. Il se rendait compte de ce qu'il écrivait, mais au fur et à mesure que les mots arrivaient, comme quand on lit dans un livre. *George* disait ou était censé dire ceci : « Je ne sais pas encore la voie que je vais suivre. La vie de l'esprit se compose d'une série d'étapes et d'incarnations successives. Nous demeurons à l'état errant tant que nous le désirons. Puis nous pouvons nous réincarner sur la terre ou sur d'autres planètes, suivant l'épreuve que nous acceptons, car notre destinée à tous est de monter toujours plus haut. Il nous faut sans cesse nous perfectionner ; nous ne le pouvons qu'en franchissant tous les échelons qui nous séparent de la perfection. Rappelez-vous l'échelle de Jacob, magnifique image de la destinée de l'esprit. Nous montons et descendons. Nous allons de nos frères inférieurs à Dieu qui est au sommet et dont l'amour nous réunit. C'est notre but et notre fin. » Il n'y a dans ce message, nous le constatons, rien de supranormal, rien qui ne puisse aisément s'expliquer par la mentalité d'une personne intelligente, cultivée, religieuse et assez versée dans la littérature de l'occultisme.

Quand le médium eut cessé d'écrire, on se remit à la table. « Avez-vous encore assez de force pour vous communiquer ? — *l'ite*. — Pourriez-vous toucher quelqu'un?... » On éteint. Il se produit un silence qui revêt, après les phénomènes que nous venons d'obtenir, un caractère imposant de solennité dans une attente presque anxieuse. Au bout de quelques instants, l'un des membres du groupe, saisi d'émotion, pousse des cris. Il a senti sur son épaule la pression douce d'une main recourbée. Puis le guéridon s'agite et dit : *Assez*. Il ne veut plus répondre à aucune question, il salue successivement tous les assistants, en se penchant sur chacun d'eux, dit *Adieu*, et, toujours légèrement touché par les médiums, évolue vers une salle de billard contiguë au salon, se place dans son coin habituel et termine par ces mots : *Union, lumière, amour*.

Tout s'est passé comme si deux personnalités invisibles, *Jean* et *George*, avaient, de concert avec nous, participé à ces diverses manifestations. Ces personnalités ont pensé, parlé, agi, comme si elles étaient distinctes de nous. L'étaient-elles réellement ? Telle est la question qui se pose maintenant, une question à laquelle, dans l'état actuel des sciences psychiques, on ne peut répondre que par des hypothèses dont le mérite doit être de s'adapter aux faits, sans négliger les gênants, car il y en a de tels pour toutes les opinions. J'écarte, pour le moment, l'hypothèse spirite et je m'en tiens exclusivement à celle du subconscient. Je prends, pour mieux conduire ma discussion, la place du médium dont il m'a été donné d'observer l'attitude avec autant de précision que s'il s'agissait de moi-même.

Nous voici donc en séance, six personnes désireuses de s'instruire, d'autant plus intéressées que, depuis quelque temps, il y a un progrès bien marqué dans la marche des phénomènes. Je me possède pleinement, sans aucune désintégration de ma personnalité, le même aujourd'hui qu'hier. J'ai sans doute subi, depuis mon enfance, de telles transformations, au physique et au moral, que les personnes qui ne m'ont pas vu depuis longtemps auraient de la peine à me reconnaître. C'est un renouvellement de tout mon être, et cependant je suis toujours le même individu, dans une continuité ininterrompue, grâce à la mémoire qui est comme le cordon sur lequel s'enfilent les perles de ma vie, quelques-unes précieuses, la plupart de médiocre valeur ou trop grossières. Ce cordon, jusqu'à ce jour, ne s'est jamais cassé. Pas la moindre crise prolongée d'amnésie ; je n'ai perdu de vue mon moi normal que dans le sommeil ou la torpeur. La plus grande partie des événements constituant le tissu de mon existence ont, il est vrai, sombré dans l'oubli ; on me remplirait d'étonnement, si on me les rappelait. Il n'est pas rare, néanmoins, que des incidents de mon passé, auxquels je ne pense pour ainsi dire jamais, me reviennent inopinément, et je réfléchis que, dans les profondeurs de mon être, dorment, sans être abolis, tous mes souvenirs, susceptibles de se réveiller à l'appel de certaines circonstances. Quoi qu'il en soit, du petit lac de mon expérience agité par des vents capricieux, je sens émerger mon individualité, le moi identique et un. Mais que la mémoire disparaisse, alors je deviens, en quelque sorte, absent de moi-même ; le cordon étant rompu, les perles se sont dispersées et le collier n'existe plus. Je ne me reconnais pas, jusqu'à ce que, la précieuse faculté revenant, je me reconstitue.

Il est possible que, dans la crise d'amnésie, ma personnalité normale se désorganise pour faire place à une ou plusieurs personnalités secondes qui ne seront pas caractérisées par la folie, puisque, tout en appréciant différemment les choses, elles n'auront aucune incohérence dans les idées. Je puis ainsi passer par des états très distincts, tantôt avec un tempérament mélancolique, tantôt avec un tempérament gai, et même, par une singulière bizarrerie de la nature, préparer consciemment, dans l'un de ces états, des événements dont j'aurai à souffrir, quand je serai entré dans un autre, comme si j'éprouvais un malin plaisir à me jouer un vilain tour. Et, un jour, sans qu'il soit possible d'assigner une cause à ce revirement, me voilà de nouveau avec ma mentalité normale, oublieux de la période qui vient de s'écouler, relié à la période précédente par tous mes souvenirs, en passant par-dessus cet intervalle maintenant vide et noir.

Il y a donc eu une solution de continuité dans le moi, comme il s'en produit une au moment où on s'endort, mais pour continuer d'agir dans le rêve, avec cette différence que j'accomplis, dans ma nouvelle condition, les actes d'une personne éveillée qui sait ce qu'elle veut. Toutes ces péripéties se produisent sur une même scène. Je pense toujours avec le même cerveau, j'emploie les mêmes organes, et, de plus, mes personnalités secondes n'agissent pas simultanément avec ma personnalité normale ; chacune joue son rôle séparément, se retirant ensuite pour céder la place à une autre.

Jean et *George* sont-ils des personnalités secondes de cette espèce ? Ils en diffèrent considérablement. N'oubliez pas que, pendant toute la durée des manifestations, je ne suis pas un seul instant en trance, absent de moi-même. Voici *Jean* qui engage la conversation par les frappements de la table. En ma qualité de médium, je dégage une force qui meut celle-ci et ces mouvements ont une signification. Il en résulte des lettres, des mots et des phrases auxquelles je ne m'attendais pas du tout, mais qui peuvent ne pas dépasser la portée de mon intelligence. Ce phénomène, quoiqu'il soit des plus communs, n'est pas moins surprenant, car il a fallu que cette force qui anime la table fût dirigée par un esprit. Il y aurait donc en moi, au même instant, deux courants de pensées : l'un dont j'ai conscience, pendant que j'assiste fort intéressé à cette opération, épelant les lettres et les assemblant pour me rendre compte du message, et l'autre courant qui semble extérieur à ma personne et dont je ne prends connaissance qu'au fur et à mesure de son écoulement.

Le phénomène devient encore plus extraordinaire dans le cas suivant. Je suis occupé à épeler. La table frappe des coups si rapides que j'ai à peine le temps de noter les lettres dans ma tête. Je commence par saisir quelques mots ; bientôt je n'y suis plus et la table d'aller toujours son train, jusqu'au moment où je déclare que je n'ai pas pu suivre, à partir de certain mot. Que fait la table ? Elle reprend la phrase au mot indiqué, cette fois avec lenteur, pour être comprise. Elle avait donc exprimé des idées complètement à mon insu, semblable à une personne qui, s'exprimant avec trop de précipitation, sans bien accentuer, ne vous laisse percevoir de son propos que des bribes. Ce propos sortait de moi cependant très nettement formulé et je n'en savais rien. Mon moi conscient épelait sans comprendre, pendant que mon subconscient suivait toujours son idée en se comprenant lui-même.

Mais voici où le problème devient encore plus embarrassant. Je suis dans l'obscurité la plus profonde. J'ignore totalement ce que

Jean vient d'écrire. Je le lui demande ; il me le dit par la table. On éclaire et, sur la feuille, je lis le mot *Jésus*. Veuillez vous rendre attentif à ceci : j'étais dans l'impossibilité, j'y reviens, de distinguer, avant de l'avoir lu en pleine lumière, le mot qui avait été tracé mystérieusement. De même, si la table ne m'avait pas annoncé le phénomène, je ne l'eusse pas attendu, puisqu'aucun symptôme ne le faisait pressentir. Et quand le mot fut écrit, je le sus encore, comme les autres membres du groupe, par la table seulement. Comment ces diverses circonstances de la préparation du message, du moment de son exécution et de sa teneur, sont-elles parvenues sur le seuil de ma conscience ? Invoquera-t on la mémoire latente ? Mais un phénomène non réalisé ne peut être enfoui dans notre souvenir pour en sortir ensuite. Y avait-il eu une transmission de pensée ? Ce phénomène, soit qu'il fût sur le point de se produire, soit à l'instant de sa production, n'était pas dans mon esprit. Avais-je le don de double vue ? J'étais éveillé, curieux, intéressé, vivement surpris. Quel prodige ! Mon subconscient voyait, sans que j'en fusse le moins du monde informé, le mot *Jésus*, et me le révélait ensuite par les coups de la table.

Et comme s'il voulait, tout en étant une partie de moi-même, s'opposer en quelque sorte à ma personne dans un nouvel acte, *Jean*, après avoir écrit, dans une première opération, sur l'ardoise le mot *Dieu*, me dit par la table : *Êtes-vous content ?* Il ne saurait mieux s'y prendre pour m'incliner à croire qu'il est distinct de moi sans l'être.

Nous suspendons la séance. A la reprise, mon subconscient reparaît avec un autre nom, celui de *George*. Je lui demande pourquoi il ne s'est pas communiqué dans la première partie de la séance. Il me répond : *Je ne peux pas écrire encore*. Mon subconscient, capable, il y a quelques instants, de produire le phénomène de l'écriture directe sous le nom de *Jean*, se déclare maintenant impuissant sous le nom de *George*, et cette inégalité d'aptitudes dans une même personne, qui n'a pas cessé d'être dans son état normal, est encore une particularité bien surprenante. Je sollicite de *George* une nouvelle manifestation, car nous sommes tous montés au plus haut degré de la curiosité. Il dit par la table : *Vite*, comme si mon subconscient avait hâte de finir, alors que mon conscient, avide de continuer, prolongerait volontiers la séance jusqu'à une heure très avancée de la nuit, avec l'assentiment de tous.

Je reviens à *Jean*, cette émanation de moi-même. Puisqu'il a produit le phénomène de l'écriture directe, il a fallu qu'il prît le bout de mine de plomb, qu'il l'appuyât sur le papier assez fortement pour tracer le mot *Jésus*. Or, puisque toutes les mains, la mienne notamment, n'ont pas bougé, mon subconscient doit disposer d'un organisme dont j'ignore l'existence.

En résumé, je possédais, selon l'hypothèse du subconscient, deux personnalités : ma personnalité normale qui n'avait subi aucune désintégration et des personnalités secondes qui surgissaient à l'improviste pour me mystifier, en se donnant des noms de défunts. Or, ces personnalités, qui s'adressaient à moi pour m'annoncer les phénomènes en préparation, me connaissaient apparemment, car on ne fournit pas des indications à quelqu'un sans savoir qu'il existe. Il résulte de là que mes personnalités secondes connaissaient ma personnalité normale, tandis que ma personnalité normale ne connaissait pas mes personnalités secondes. Je serais, dans ce cas, doué de deux consciences, simultanément actives, avec cette particularité fantastique au plus haut degré que la conscience dont je n'ai pas conscience m'étonne par la révélation de faits absolument inconnus.

Les pouvoirs du subconscient sont sans doute très étendus, si on en juge par les phénomènes de clairvoyance, de télépathie ou d'automatisme. Il est même impossible, dans l'état actuel de la science, d'en fixer nettement la limite. Cette indécision permet aux adversaires du spiritisme, quand on les presse de trop près, de se réfugier dans une région obscure où ils peuvent attendre indéfiniment de nouvelles clartés. Il ne faudrait pourtant pas subir la fascination d'un mot, en se persuadant, grâce à lui, qu'on reste sur le terrain solide des faits connus, sans courir les aventures dans le domaine de l'inconnaissable, car l'hypothèse du subconscient tombe dans le prodige, autant, si ce n'est plus, que l'hypothèse spirite.

Ce *Jean*, qui est une partie de moi-même, je ne puis parvenir à me le rendre vraisemblable. Qu'il y ait à mon insu, dans les cryptes de mon âme, une multitude d'énergies qui n'entrent pour ainsi dire jamais en activité, cela n'est pas douteux; mais que, dans ce for intérieur, indépendamment de ma personnalité normale dont j'ai une claire conscience, comme en ce moment, travaille une autre personnalité qui me connaît sans que je la connaisse, m'apprend des choses que j'ignore et, de plus, dispose d'organes dont je ne me sens pas pourvu, tout cela sans être distincte de moi, c'est un imbroglio où ma tête s'égare. Il me semble que l'hypothèse spirite, malgré son aspect fantastique, me ramène au bon sens. Au point de vue où elle me place, nous sommes, *Jean* et moi, deux personnalités séparées, ayant chacune son champ de connaissance, sa mentalité, sa volonté. Par elle, nous revenons à l'ordre ordinaire de la nature en vertu duquel ma personnalité ne saurait être simultanément le siège de deux consciences. Seulement, *Jean* ne pouvant se manifester sur notre plan que par mon intermédiaire, il est dans une certaine mesure sous ma dépendance, quoiqu'il conserve son individualité.

Pour trouver judicieuse cette opinion, il faut, cela va sans dire, ne pas nier systématiquement la possibilité de la survivance. Si vous croyez que la personnalité disparaît totalement avec le cerveau, l'hypothèse spirite ne peut être qu'absurde, quels que soient les faits invoqués en sa faveur. On est condamné à ne prendre au sérieux que l'hypothèse du subconscient. Celui-ci pourtant incline au spiritisme plutôt qu'il n'en éloigne. Ces facultés latentes, dont je constate l'existence, me donnent à réfléchir. Est-il irrationnel de supposer que la Nature, en général prévoyante, les a créées en vue d'un développement qui s'effectuera plus tard, après les manifestations intermittentes d'ici-bas? Il serait étrange qu'elle eût imaginé des tendances destinées à n'aboutir jamais.

Les négateurs de la survie ne se fondent pas sur des arguments irrésistibles, puisque les physiologistes sont d'avis différents, quoique l'habitude de disséquer des cadavres ait pu les disposer tous à croire que, l'organe cessant de vivre, la fonction est supprimée. Il s'en trouve parmi eux qui, malgré les apparences, persistent dans la foi en l'immortalité, comme si le corps était un instrument dont l'esprit se sert à la manière d'un artiste, sans être tout à fait solidaire de lui. Lorsque l'instrument est brisé, l'artiste ne peut plus en jouer. Est-il absolument démontré que l'esprit, dépouillé de son corps charnel, ne subsiste pas avec un corps éthéré, siège de facultés qui, d'abord comprimées, prennent désormais leur essor? Toute la question est de savoir s'il n'y a pas des faits sérieusement contrôlés qui s'expliquent mieux par sa survivance, quoiqu'il soit invisible. Il serait excessif d'argumenter de l'invisibilité de *Jean* à son inexistence. Nous ne voyons pas la multitude de microbes s'agitant dans l'abîme d'une goutte d'eau qui reluit à l'extrémité d'une paille. Avant l'invention du microscope, on ne songeait pas à eux. Nous sommes comme plongés dans un océan de vie que nous ne soupçonnons pas.

L'hypothèse spirite, quand on la rapproche de certains phénomènes, prend un air raisonnable qui lui permet de soutenir sans humiliation la comparaison avec l'hypothèse du subconscient. Assurément elle choque, guère plus que son adversaire néanmoins, le sens commun; mais on sait que celui-ci change sans cesse. Au moyen âge, il prétendait que le soleil tournait, tandis que la terre restait immobile. L'homme de sens commun, qu'il soit un membre illustre de l'Académie des sciences ou un obscur politicien de village, peut n'être, en certaines matières, qu'un ignorant qui, fort du préjugé dominant, tourne en ridicule des vérités entrevues par une minorité. Peu à peu la vérité perce le brouillard qui, d'abord très épais, devenant plus léger, laisse enfin le soleil resplendir dans l'azur. C'est ainsi que des idées, jadis jugées absurdes, sont maintenant au nombre de celles dont on ne s'étonne plus.

En sera-t-il de même du spiritisme ? Quoi qu'on en pense, il se heurte à une objection. Comment se fait-il que ces personnalités soient, dans la majorité des cas, impuissantes à répondre aux questions les plus élémentaires, ou n'expriment que des idées incohérentes, banales, erronées, inconvenantes même parfois, ou reflètent la pensée du médium ? Je n'essaie pas d'atténuer la difficulté pour la surmonter plus aisément, ce qui serait au contradicteur très avisé un motif d'appuyer avec insistance sur le point douloureux.

Les faits que j'ai discutés m'ont permis de conclure à l'existence de personnalités invisibles. Si, dans certains cas, ces personnalités me disent des choses que j'ignore, j'ai logiquement le droit de leur attribuer un pouvoir supranormal; mais si, dans d'autres cas, les plus nombreux, elles ne répondent pas à mon attente, je me persuade qu'elles se trouvent dans des conditions moins favorables. Vous avez, je suppose, dans votre voisinage, un inconnu qui, pendant une soirée de printemps, a joué de la flûte avec un art si consommé que, sans vous en apercevoir, vous avez abandonné votre occupation pour mieux savourer le charme de cette harmonie. Le lendemain, nouvelle apparition de la flûte, mais avec des notes fausses, des sons criards. Il vous viendra certainement à l'esprit que l'artiste du premier soir dispose cette fois d'un instrument détérioré ou que ce n'est pas le même joueur. Cette réflexion très naturelle, pourquoi ne la ferions-nous pas, quand il s'agit des communications médiumniques ? En nous plaçant à ce point de vue, l'objection qui nous a semblé formidable le deviendra beaucoup moins.

Je prends la personnalité qui a tracé le mot *Jésus* sur la feuille blanche. N'aurais-je pas une tendance à me faire d'elle une idée complètement erronée ? On suppose généralement que les Esprits, parce qu'ils sont affranchis de la chair, ont des pouvoirs sans bornes ? Nous agissons à leur égard comme on fait bien souvent avec des hommes éminents. Voyez ce que pense le vulgaire des coryphées de la science, de la philosophie ou du journalisme. On s'imagine naïvement, parce qu'ils se sont illustrés dans une spécialité, qu'ils peuvent parler de tout avec compétence, à moins que, par haine religieuse ou politique, on ne les abaisse outre mesure dans un parti pour compenser les éloges dont on les couvre dans un autre. Les gens pondérés, sans nier leur mérite, estiment qu'ils n'en savent pas plus que le commun des mortels sur une foule de problèmes, malgré le prestige qui les accompagne. De même, les Esprits doivent à leur condition d'habitants de l'Au-delà une réputation que leurs messages sont loin de justifier toujours. Immédiatement après la mort, ils gardent leur mentalité d'ici bas, jusqu'à ce qu'ils aient eu le temps d'évoluer. Il y a parmi eux les mêmes différences que parmi nous. Un Henri Poincaré reste plus fort en mathématiques qu'un désincarné qui fut un médiocre teneur de livres et un saint conserve son avance sur un bandit, les uns et les autres engagés sur la voie du progrès où ils se suivent à des distances plus ou moins considérables, chacun portant les conséquences de ses œuvres. La seule supériorité qu'ils aient sur nous, à ce premier stade de la vie future, c'est d'être absolument certains de la survivance dans un corps spirituel.

Ils sont en butte, pour communiquer avec notre monde, à des difficultés auxquelles nous ne songeons pas. Nous trouvons, nous, on ne peut plus naturel d'agir dans un milieu auquel nous sommes adaptés, à moins qu'il ne survienne des empêchements. Est-il déraisonnable de supposer que la personnalité invisible, se mouvant dans une sphère qui n'est pas la sienne, rencontre des obstacles parfois insurmontables ?

Ces considérations ne vous sembleront pas, je l'espère, dénuées de justesse ; mais il ne suffit pas de les rendre plausibles par le raisonnement, il importe surtout de les appuyer sur l'observation, car les arguments ne valent rien, dès qu'ils sont contredits par la réalité. Un phénomène psychique, quel qu'il soit, physique ou intellectuel, est le résultat d'une opération accomplie par un opérateur au moyen d'un instrument. Examinons successivement ces trois choses, l'opération, l'opérateur et l'instrument, à la lumière de l'expérience.

L'instrument, c'est le médium. Celui-ci nous

étant plus connu, nous commençons naturellement par lui. Quand je dis qu'il est plus connu, je ne prétends pas qu'il le soit beaucoup. Ce que nous savons surtout, c'est qu'en son absence les phénomènes ne se produisent pas. Comme il ne se distingue par aucun signe, soit dans le corps, soit dans le caractère, n'étant ni plus ni moins nerveux que les autres membres du groupe, la pratique révèle seule sa faculté.

Celle-ci est extrêmement variée. Il y a des gens qui la possèdent à un degré infime. Parmi les quatre ou cinq médiums que j'ai vus à l'œuvre, il en est un avec qui je n'ai pu obtenir, par les coups frappés de la table, que plusieurs mots à peine ébauchés. C'était laborieux, lent, indécis, presque nul. Inutile de continuer.

Avec un autre, après quelques séances pendant lesquelles on sentait qu'il se produisait une sorte d'entraînement, la table, dès que les mains étaient posées sur elle, se mouvait et la conversation allait bon train, trois quarts d'heure, une heure, sans aucune interruption, agrémentée par des traits de caractère qui nous produisaient l'impression d'une personne invisible s'opposant à nous dans un dialogue où les réponses s'adaptaient parfaitement aux questions. Le médium, trop peu passif, suivait si attentivement l'épellation, que le message obtenu paraissait quelquefois influencé par sa propre pensée. Cependant il n'était pas rare que le propos de la table le contrariât au point qu'il y coupait court, en retirant les mains. Avec lui on ne sortait pas de la typtologie.

Un autre avait la spécialité de l'écriture automatique. Le soupçon de sa médiumnité lui vint à l'occasion de mouvements de sa main involontairement poussée à écrire. Il ne savait qu'en penser. Il en fit la confidence à des amis qui l'engagèrent à tenter des expériences avec moi. Informé, je me rendis au village qu'il habite, à plusieurs kilomètres de ma résidence. La fréquence de mes visites — je donne en passant ces détails intéressants comme traits de mœurs — provoqua la curiosité des voisins qui ne tardèrent pas à en connaître le but. Je passai, cela va sans dire, pour un sorcier. Il y eut même de l'effroi dans la localité. L'un des épouvantés, m'a-t-on assuré, n'aurait pas voulu me rencontrer, à la tombée de la nuit, au coin d'un bois. Par bonheur, cette émotion se calma

assez vite, peut-être parce que le visage de
l'intrus n'offrait à l'examen rien de satanique,
et les commères cherchèrent d'autres ali-
ments à leurs conversations qui n'en manquent jamais, malgré la pénurie des hameaux
où, faute de grands événements, on s'abat avec
avidité sur les petits. C'était merveille de voir
la main du médium subitement possédée par
la force inconnue couvrir des pages de son
écriture ailée, sans jamais prendre le temps
de la réflexion. Il répondait instantanément à
des questions subtiles ; mais, pour les coups
frappés et les raps, c'était insignifiant.

Les plus belles surprises nous vinrent d'un
autre médium plus richement doué, puisque
nous lui dûmes l'écriture directe, plusieurs
cas de mouvement sans contact, des raps fortement accusés dans des meubles ou le parquet, et, par la table, la révélation de choses
inconnues. Ces phénomènes ne vinrent pas
d'emblée. Il fallut les attendre pendant des
mois, à travers des péripéties parfois si dé-
courageantes que nous eussions eu la tentation de cesser, sans les succès qui, de temps
en temps, nous redonnaient de l'élan.

Il résulte de mes observations que le médium est un instrument, d'abord médiocre,

susceptible de se perfectionner par l'exercice, atteignant divers degrés de développement, selon les individus, souvent confiné dans une spécialité, délicat, fragile, capricieux, soumis à des variations qui dépendent de la santé, ou de l'état de l'atmosphère, ou d'autres causes inconnues, tantôt fécond, tantôt désespérément stérile, témoin le célèbre Dunglas Home qui, invité à se rendre pour des expériences à la cour du tsar Alexandre, fut obligé de différer assez longtemps, parce que sa faculté l'avait abandonné pour revenir ensuite inopinément. Il ne faut pas oublier non plus que cet instrument est une personne dont l'être tout entier, vie, pensée, volonté, rayonne consciemment ou inconsciemment, pendant la production des phénomènes, à moins que, tombé en transe, par conséquent passif, il permette à l'opérateur d'agir avec beaucoup plus de liberté.

Nous voici maintenant arrivés à l'Esprit. Les phénomènes se déroulent comme s'ils provenaient d'une ou plusieurs personnalités qui, conjointement ou séparément, travaillent à les produire, en prolongeant leurs efforts d'une séance à l'autre, avec un dessein bien conçu.

Ces personnalités, s'il est permis d'en juger par une multitude de symptômes et par les déclarations de la table d'autant plus étonnantes qu'elles ne répondent pas à la pensée du médium, ces personnalités, de prime-abord, ne se rendent compte ni de l'étendue de leurs pouvoirs ni de la qualité de l'instrument dont elles se servent. Elles agissent comme quelqu'un qui essaie sans être sûr de réussir, sauf à confesser leur impuissance quand elles s'aperçoivent que, par suite de leur inhabileté ou de l'insuffisance du médium, elles s'appliquent à une œuvre impossible. Que de fois n'avons-nous pas eu, par les coups frappés, après des tentatives restées vaines, ces aveux : *Je suis encore peu expérimenté... Je suis fatigué... Je n'en puis plus... J'ai beaucoup de peine à me manifester... Vous manquez de fluide... Ce soir, vous n'aurez rien, adieu...* et, ce disant, la table, avec une allure de personne exténuée, se mouvait lentement, faiblement, jusqu'à tomber pour ainsi dire de lassitude.

Cependant la personnalité invisible nous revenait plus tard non moins décidée à lutter contre les difficultés, ne désespérant pas de les surmonter, et nous invitant à persévérer.

Courage, nous disait-elle, *vous ferez mieux la prochaine fois*, ou bien, après un infructueux essai d'écriture directe : *Impossible encore, courage.* Nous avions entendu le grattement du crayon sur l'ardoise, mais la personnalité, sans doute, n'avait pas eu la force d'appuyer assez pour laisser une trace de son action. Et les séances se succédaient sans que nous obtinssions les phénomènes promis. En attendant, il s'en produisait qui étaient de nature à nous faire prendre patience. Un soir de décembre, en 1905, des raps dans une armoire à glace nous dirent : *Foi, obéissance.* On nous prescrivait de suivre certains conseils relativement à nos expériences. Un mois après, en janvier, des raps dans le même meuble nous disaient : *Ne vous découragez pas*, et, comme nous affirmions à haute voix notre bonne volonté, aussitôt des raps retentirent cette fois dans le parquet : *Merci d'avoir confiance.*

Quelle que fût notre curiosité, et peut-être à cause d'elle, il nous arrivait de nous impatienter, comme s'il eût été naturel que les phénomènes surgissent au gré de nos désirs : « *Ne donnez pas signes impatience, plus fatigué que vous* », disait la table avec abréviation, pour économiser des forces, et, une autre fois, comme nous nous étonnions d'une erreur contenue dans la communication : « *Nous pouvons errer, n'humiliez pas les Esprits... Il ne faut pas avoir trop de confiance en nos facultés intellectuelles... Vous en êtes à l'a b c et nous aussi... Vous avez un grand et beau livre à déchiffrer...* » Et toujours la même recommandation : « *Essayez chaque fois.* »

Souvent, dans une même séance, plusieurs personnalités inégalement disposées venaient les unes après les autres. Un soir, la table avait frappé des coups nets, vifs, pleins de décision, sous le nom d'un de nos familiers, lorsque, bientôt après, elle prit une allure si faible que nous percevions à peine les lettres désignées par l'épellation, avec le nom d'une personne décédée depuis plusieurs jours qui voulait seulement nous donner un signe de vie, et puis ce furent, avec le nom d'une troisième personne, des frappements tout différents, le médium n'ayant pas cessé d'être dans le même état physique et moral. Telle de ces personnalités qui, dans une séance, s'avouait impuissante, en le prouvant par l'incohérence de ses manifestations, nous revenait plus tard mieux disposée, comme si dans l'intervalle elle avait acquis plus d'expérience.

Enfin, après beaucoup de tâtonnements qui portaient la marque d'une préparation longuement élaborée, la lévitation et l'écriture directe, annoncées depuis des mois, eurent lieu. La première fois que nous obtînmes un mot sur l'ardoise, la table, immédiatement après l'opération, nous dit: *Êtes-vous contents ?* semblable à quelqu'un qui, parvenu avec peine à réaliser sa promesse, se réjouit doublement, et de sa réussite et de la satisfaction des autres.

Ainsi donc l'opérateur, ayant à son service un instrument plus ou moins bon, l'emploie avec plus ou moins de succès. Mais de quelle manière se produit l'opération? En cherchant une réponse à cette nouvelle question, nous allons davantage dans l'ombre, avec la possibilité néanmoins de nous orienter sur des vraisemblances.

Puisque la présence du médium est indispensable, cela prouve qu'une force, à laquelle on donne le nom de « fluide », se dégage de lui. Quelle en est la nature? Nous ne la connaissons pas plus que celle de l'électricité qui, quoique invisible, se manifeste à nous par des effets si considérables. L'espace sans limites dans lequel nous sommes plongés est un réservoir rempli de réalités insoupçonnées que des hommes de génie découvrent peu à peu, en inventant quelquefois des procédés pour les utiliser.

Le médium est donc un instrument à fluides et cet instrument, il importe d'y insister, n'est pas inerte. C'est une personne qui peut, pendant l'opération, rester consciente d'elle-même. Remarquons aussi que, pour obtenir des phénomènes, il faut ordinairement être en séance, c'est-à-dire, si on est plusieurs, se grouper autour d'une table, avec les dispositions de gens qui, réunis pour des expériences, attendent quelque chose d'imprévu. Cela forme, au point de vue psychologique, un état spécial qui prépare sans doute des conditions favorables grâce auxquelles les personnalités invisibles agiront plus efficacement.

Les fluides sont une extériorisation des diverses facultés du médium. Il est infiniment probable que nos pensées elles-mêmes, dans les phénomènes de transmission ou de télépathie, ne se propagent pas sans être constituées par une substance d'une finesse inconcevable. En réalité, nous ne savons pas où finit la matière, où commence l'esprit. Les métaphysiciens, lorsqu'ils parlent de l'un et de l'autre, sont incapables de se faire comprendre, ce qui ferait presque supposer qu'ils ne se comprennent pas toujours eux-mêmes.

Les choses se passent comme si le groupe était entouré d'une ambiance qui est une sorte de pensée extériorisée. L'Esprit, appliqué à communiquer avec nous, est plongé dans cette ambiance dont il subit plus ou moins l'influence, ne parvenant que dans des cas exceptionnels à s'en affranchir complètement. Dans des communications incohérentes se manifeste parfois, pour l'observateur attentif, l'effort de quelqu'un qui lutte, comme ferait par exemple un homme tombé dans l'eau où il se débattrait sans pouvoir exprimer sa pensée. Dans des communications très nettes où on sent l'action d'une personne sachant ce qu'elle dit, on a l'impression que cette personne, en quelque sorte suggestionnée par l'ambiance, conserve néanmoins son individualité, tout en exprimant des idées qui ne sont pas à elle. N'est-ce pas souvent le cas de beaucoup d'entre nous ? Combien n'y

a-t-il pas de gens, même dans des pays de
forte culture, dont la pensée, en morale, en
religion, en politique, n'est qu'un reflet, avec
de légers changements, de l'opinion d'un
parti ou de grands personnages ? Ici, en
médiumnité, la suggestion ne vient pas
de l'ascendant exercé par une personne ré-
putée supérieure, mais du milieu fluidique
dans lequel l'Esprit est pour le moment as-
servi. Voilà pourquoi la qualité des communications dépend généralement de celle des
groupes, quand les Esprits sont inhabiles à
sélectionner comme il convient les fluides.
Il ne faut donc pas s'étonner que les communications affectent un caractère de frivolité
dans les séances où les assistants manquent
de sérieux.

Notons aussi que les Esprits frivoles, se
plaisant à mystifier, y sont particulièrement
attirés par des affinités de goût. Ils font quelquefois irruption dans des groupes très graves.
Gardons-nous d'abuser de leur intervention
pour expliquer toutes les erreurs qui déconcertent dans un grand nombre de communications ; cette intervention est pourtant
marquée par des faits curieux. Nous en avons
eu la preuve en typtologie et en écriture au-

tomatique. On eût dit que des personnalités en conflit se disputaient la main du médium ou la table, avec une ténacité qui rendait impossible la communication, jusqu'à ce que l'une d'elles fût parvenue à évincer les autres. Fréquemment nos séances ont été absorbées par un certain *Bertin* dont le caractère fortement accusé se soutint pendant plusieurs années. Tantôt il immobilisait la table pour se procurer le plaisir de nous impatienter ; tantôt il nous provoquait par des mots blessants ou nous leurrait par des mensonges adroitement imaginés. J'étais pour ma part fortement intéressé, quoique ses traits, drus et acérés, tombassent ordinairement sur moi, car, pour mieux l'observer, je le poussais à bout par mes répliques ; mais le médium, moins épris de psychologie occulte, le congédiait, en ôtant les mains de la table, quand il avait occupé la scène durant quelques minutes. Dans ces circonstances, il nous était dit parfois des choses très fausses, mais nous avions le sentiment irrésistible que le menteur n'appartenait pas à notre monde. On sentait la présence d'une personnalité dont la volonté s'opposait narquoisement à la nôtre. Le phénomène, bien que déplaisant, avait un cachet d'originalité indiquant que l'Esprit se servait des fluides du médium, sans être dominé par eux.

Mais alors comment se fait-il que ces personnalités de l'Au-delà, quand on les prie de nous donner des preuves de leur identité, en nous révélant des détails de leur vie d'ici-bas dont il serait facile de vérifier l'exactitude, se dérobent ou ne répondent que des banalités? Cette objection serait désastreuse, s'il n'existait pas des réponses pleinement satisfaisantes. Or, la littérature psychique en signale des cas remarquables, dont la rareté ne prouve qu'une chose, c'est que ces personnalités n'ont pas toujours les pouvoirs qu'on leur suppose. Nous avons constamment le tort de nous placer, pour les juger, à notre point de vue, en oubliant qu'elles opèrent dans un milieu hérissé d'obstacles. Si l'un de vos amis, ayant fait une fois l'ascension du Mont Blanc, renouvelait en vain cette tentative, les années suivantes, quelle serait votre conclusion? Très certainement que ses forces l'ont trahi, vu le temps ou d'autres circonstances adverses. Il ne resterait pas moins vrai qu'il a pu atteindre le but. Cent insuccès diminuent peut-être l'éclat d'une réussite, mais n'en suppriment pas la réalité.

J'ai voulu, dans cette discussion, rester exclusivement sur le terrain de ma propre expérience, quoiqu'il soit trop limité. Combien ma démonstration n'eût-elle pas été plus saisissante, si j'avais invoqué à l'appui de ma thèse les témoignages de savants illustres qui ont eu le privilège d'obtenir avec de grands médiums des phénomènes de premier ordre! Je vais d'ailleurs réparer cette lacune dans quelques instants. Ce que j'ai perdu jusqu'ici en autorité, je l'ai peut-être gagné en accent, car on parle avec plus de force des faits dont on a été témoin, surtout lorsqu'on a l'avantage de se croire en très haute et très digne compagnie.

En résumé, les faits les plus extraordinaires sont de plus en plus affirmés par des hommes dont la compétence et l'honorabilité sont au-dessus de toute contestation, mais qui en donnent des explications différentes se réduisant à deux types généraux, l'animisme et le spiritisme. Je constate, avec les adversaires du spiritisme, que, dans un grand nombre de phénomènes, tant physiques qu'intellectuels, se découvre une trace du médium. Il faudrait fermer les yeux à l'évidence pour ne pas être impressionné par les faits sur lesquels les partisans du subconscient édifient leur argumentation. Mais on dépasse la mesure quand, sous le prétexte assez légitime de faire une économie d'hypothèses, on étend si indéfiniment les pouvoirs du subconscient qu'on lui attribue les prodiges les plus stupéfiants, ce qui ressemble beaucoup à une hypothèse nouvelle.

Je serai donc, un jour, après ma désincarnation, une de ces personnalités psychiques ; je pourrai donner des preuves de ma survivance par les coups frappés de la table, les raps, l'écriture automatique, l'écriture directe, ou en me servant de la parole même du médium. Qui sait s'il ne m'arrivera pas de me rendre visible, en produisant un phénomène, très rare sans doute, mais certifié par des docteurs qu'on a raillés, cela va de soi, et dont les témoignages s'imposent de plus en plus à l'attention des gens assez sérieux pour vouloir sortir de leur ignorance ? Il s'agit des apparitions matérialisées qui, par leur importance capitale, méritent qu'on s'y arrête longuement.

CHAPITRE XVIII

LES APPARITIONS MATÉRIALISÉES

Si vous alliez à Djibouti où le thermomètre ne descend jamais au-dessous de zéro, vous étonneriez des indigènes en leur disant que, dans notre pays, pendant l'hiver, l'eau devient si dure qu'on peut aller parfois à pied sur les rivières comme sur une route. On vous regarderait avec un petit air narquois, pour vous montrer qu'on n'est pas dupe de vos facéties, et, si on s'apercevait que vous êtes profondément sérieux, on s'apitoierait sur vous, comme on fait avec de braves gens dont la raison inspire de l'inquiétude. Vous éprouveriez une singulière impression à passer pour un mauvais plaisant ou un niais en affirmant l'existence de la glace sur laquelle vous avez patiné. On éprouve une impression semblable, lorsqu'on parle à certains indigènes de l'Europe des phénomènes merveilleux d'où est sorti le nouveau spiritualisme. Il faut avoir le bon esprit de se résigner à ces mésaventures, en bénissant le ciel de n'être plus au temps des auto-da-fé, un divertissement dont les dévots du moyen âge eurent très souvent l'occasion de se régaler. Il y aurait vraiment trop de convoitise à vouloir cumuler deux avantages, le privilège d'être entré dans une région encore peu connue et l'agrément de ne rencontrer aucune opposition. Soyons philosophes : affranchissons-nous de l'opinion, sans la mépriser toutefois, car, si elle n'est pas infaillible, elle a son grain de sagesse dont il convient de profiter.

Vous êtes probablement de ces esprits pondérés qui ne croient guère qu'aux faits normaux, à ceux qui, tombant sous le contrôle des sens, ne soulèvent aucune révolte du jugement. Si vous en admettez d'extraordinaires, par exemple la télégraphie sans fil, c'est sur la foi des savants unanimes à en affirmer la réalité. Vous avancez prudemment, de peur de vous laisser prendre aux traquenards de la crédulité.

Loin du terrain très sûr où vous avez élu-

domicile, s'en vont à l'aventure des esprits moins sédentaires pour qui la découverte a naturellement de l'attrait. Vous les entendez parler de maisons hantées, même de revenants. Cela vous fait sourire, ce qui ne vous empêche peut-être pas, pour le dire en passant, de croire à tous les miracles de la Bible ou à ceux de la légende des saints. Or, ce merveilleux, que la science officielle relègue dans le domaine de la superstition, une science mieux informée l'étudie méthodiquement. S'il vous vient jamais le goût de vous engager dans cette voie, prenez-en votre parti, bon nombre de nos amis vous traiteront de fou. Rassurez-vous, néanmoins, car ils appartiennent à l'espèce des gens intelligents qui reconnaissent divers genres de folie, sachant distinguer entre les gâteux, les agités et ces monomanes dont la raison ordinairement solide ne fléchit que sur un point, lorsque leur marotte les reprend. C'est toute une hiérarchie qui va, des plus bas degrés de l'intelligence, aux plus élevés, jusque dans le voisinage du génie. Vos amis, prévenus contre le psychisme qu'ils jugent au-dessous d'eux, vous classeront certainement dans la catégorie la plus distinguée, pour ne pas s'exposer au reproche de manquer de discernement.

A ce propos, permettez-moi de vous raconter une toute petite anecdote. Je compte parmi mes camarades de collège un savant connu, professeur à la Sorbonne. Je le rencontrai, il y a de cela une trentaine d'années. « Que penses-tu, lui dis-je, de William Crookes ? — C'est un fou, me répondit-il sur un ton décisif. » L'illustre physicien et chimiste, membre de la Société royale de Londres qui équivaut à notre Académie des sciences, avait publié depuis peu son livre fameux : *Recherches sur les phénomènes du spiritualisme*, où il raconte ses expériences en psychisme, et mon vieux camarade, sans doute ahuri par tant de nouveautés, ne lui pardonnait pas de bouleverser toutes ses théories. J'incline à croire qu'il a changé maintenant d'opinion, car les idées ont singulièrement marché depuis cette époque déjà lointaine. Il se conduisait à l'égard de Crookes comme on a toujours fait avec les initiateurs.

Ainsi donc, les psychistes ne sont pas encore en faveur, surtout quand ils adhèrent au spiritisme dont le nom est mal porté. Vous savez quelle est l'importance des mots. Il suffit quelquefois de changer le mot pour faire accepter la chose. Attendez-vous à provoquer les sourires de ce docteur gourmé et solennel ou de cet épicier enrichi et important. En revanche, vous aurez pour compagnons d'infortune, dans le désastre de votre réputation, des hommes de quelque valeur dont je cite les noms au hasard de la plume, savants ou lettrés, professeurs et académiciens, faisant assez bonne figure dans le monde intellectuel avec des ouvrages souvent réédités et traduits en plusieurs langues : Charles Richet, l'illustre professeur de la Faculté de médecine de Paris; Camille Flammarion, l'astronome bien connu ; le docteur Maxwell, avocat général près la Cour d'appel de Paris; Émile Boirac, recteur de l'Université de Dijon, membre de l'Institut ; l'ingénieur Delanne, le très distingué directeur de la *Revue scientifique et morale du Spiritisme ;* de Vesme, critique fin et prudent, rédacteur en chef des *Annales des Sciences psychiques,* un recueil qui compte déjà vingt-cinq gros volumes, riche mine de documents originaux et de discussions savantes ; Léon Denis, apôtre éloquent, auteur séduisant de livres très répandus; Oliver Lodge, le grand physicien

anglais ; Van der Naillen, directeur de l'École
d'ingénieurs de San Francisco ; le professeur
Falcomer, de Venise ; le docteur Ockorowicz
de Varsovie ; le docteur Schrenck-Notzing de
Munich ; le docteur Morselli, professeur à la
Faculté de médecine de Gênes ; le docteur
Flournoy, professeur à l'Université de Genève,
et, parmi les morts, de Rochas, qui fut administrateur
de l'École polytechnique, célèbre par sa découverte de l'extériorisation
de la sensibilité ; le grand naturaliste Russel Wallace, émule de Darwin ; le grand
anthropologiste Lombroso ; le philosophe
américain William James ; le docteur Paul Gibier, le docteur Chazarain, Mapes, Robert
Hare, Hodgson, et, parmi les littérateurs,
Auguste Vacquerie, Eugène Nus, Erny, Victorien Sardou, j'allais oublier Victor Hugo.
Je m'aperçois même que je n'ai pas mentionné
Myers, un nom considérable pourtant, le génial explorateur de la conscience subliminale. J'ai dû en omettre d'autres, et non des
moindres, car, vous l'avez sans doute remarqué, par une singulière bizarrerie, quand on
veut faire une nomenclature, c'est quelquefois
à des hommes très en vue qu'on pense le
moins. Tenez — et ceci n'est pas simplement

un procédé de rhétorique — il me vient à l'instant un nom que j'aurais dû citer en tête de cette liste, celui d'Allan Kardec qui prendra rang parmi les prophètes, lorsque le spiritisme aura triomphé. Décidément, ami lecteur, vous ne vous compromettrez pas beaucoup à vous fourvoyer en la compagnie de ces fous, les uns ralliés à l'explication spirite, les autres opposés, tous convaincus de l'authenticité des phénomènes. Avez-vous remarqué cette quantité de docteurs en médecine ?

Parmi ces phénomènes, il y a celui des apparitions matérialisées, le plus difficile à digérer, il est juste d'en convenir. Il s'agit de fantômes — vous avez bien lu ? — de fantômes qu'on touche, qu'on entend et qu'on photographie. Quand on s'apprête à raconter quelque chose de stupéfiant, avec des chances d'être mal jugé, non par vous, certes, mais par des lecteurs moins avertis, on a le droit, étant dans un cas de légitime défense, de s'abriter, surtout dans la petite localité de Saint-Étroit, derrière une personnalité qui vous couvre de son autorité. Grâce à ce bouclier, les flèches d'une critique acérée ne tomberont pas toutes sur votre pauvre servileur. Je suis presque fier de pouvoir citer, pour m'en faire un panache en même temps qu'un rempart, une opinion du docteur Flournoy, maître expert en psychisme, sachant se défendre et surtout attaquer. Si jamais il se convertit solennellement au spiritisme, ce qui n'aurait rien de miraculeux, le camp spirite de Genève sera en grande liesse. Voici ce qu'on lit dans son livre *Esprits et médiums*, à la page 422, en note : « Il y a dix ans, j'ai exprimé *mon scepticisme invincible* — c'est nous qui soulignons — à l'endroit des apparitions de Katie King à M. Crookes. Je m'empresse de reconnaître que j'ai changé depuis lors et que, sans me prononcer catégoriquement, cela va sans dire, sur des faits que le passé dérobe à tout nouveau contrôle, *je n'éprouve plus la même difficulté instinctive à les admettre* — c'est nous encore qui soulignons — en présence des phénomènes que tant de savants nous racontent aujourd'hui. On s'habitue à tout par la répétition, aux matérialisations comme à la télégraphie sans fil ou à la chute des corps, d'autant plus qu'au fond, quand on y réfléchit, on ne comprend pas plus celles-ci que celles-là. » Voilà donc un éminent professeur, un des esprits les plus avisés, qui s'était cru invinciblement convaincu de la fausseté des fantômes et qui, en 1911, avec la franchise du vrai savant, s'avoue, sinon vaincu, du moins susceptible de l'être. Soutiendra-t-on qu'il est en train de devenir fou ? Je croirais plutôt le contraire, parce que les fous sont ordinairement possédés par des idées fixes dont ils ne peuvent pas démordre, tandis que les gens de raison très saine, et on s'accorde à reconnaître que vous êtes de ce nombre, consentent à varier, en cédant à de bonnes raisons.

Parmi les nombreux cas d'apparitions matérialisées que l'on pourrait citer, je prends, pour commencer, l'un des derniers en date, du moins à ma connaissance. Étant plus récent, il vous impressionnera peut-être davantage, ce qui sera une bonne préparation pour les autres. Il s'agit de l'apparition de Stead, de noble mémoire, le grand publiciste — je l'ai précisément oublié tout à l'heure — que l'Angleterre a perdu dans le naufrage du *Titanic* et qui fut à la fois un médium remarquable et un spirite convaincu. A qui devons-nous le récit de cette apparition qui eut lieu à Londres en 1912, au mois de mai, et qui est mentionnée dans les *Annales des sciences*

psychiques numéro de juin de la même année ?
A un diplomate de profession, ambassadeur, membre de plusieurs sociétés savantes, habitué à peser ses paroles dans un milieu où les gobeurs jouissent d'une petite considération. Il se rendit chez un médium renommé, Mme Wriedt, accompagné d'un ami, docteur en droit, avocat distingué, et, en cette qualité, de ceux à qui on n'en fait pas accroire aisément. Je détache de la relation de M. Miyatovich le passage suivant : « ... Un instant après, apparut une lueur derrière le médium, et elle se mut de la gauche à la droite du cabinet, comme si elle avait été transportée lentement par une douce brise. Là, dans cette clarté qui se déplaçait lentement, se trouvait, non pas l'esprit, mais la personne elle-même de mon ami William T. Stead, non pas entouré de draperies blanches, comme j'ai vu des esprits en d'autres séances, mais avec son costume habituel ! Aussi bien Mme Wriedt que moi, nous jetâmes un cri de joie. Mon ami Hinkovitch, qui ne connaissait M. Stead que par des photographies, dit : « Oui, c'est M. Stead ! » L'esprit de M. Stead me fit un geste amical et disparut. Une demi-minute après, il apparut de nouveau et se tint en face

de moi (mais un peu plus haut sur le plancher) en me regardant et en s'inclinant vers moi. Il apparut une troisième fois peu de temps après, et il fut vu alors par tous les trois d'une façon plus nette qu'auparavant. Après cette troisième disparition, je sentis que le porte-voix était tourné vers mon visage, et tous trois nous entendîmes alors ces paroles : « Oui, je suis Stead, William T. Stead. Mon cher ami Miyatovich, je suis bien heureux de vous voir ici ; je suis venu pour vous donner une nouvelle preuve qu'il y a une vie après la mort et que le spiritisme est une vérité. J'avais tâché de vous en persuader quand j'étais au milieu de vous, mais vous avez toujours hésité à accepter la vérité. » Je l'interrompis en lui disant : « Mais vous savez que j'ai toujours cru à ce que vous me disiez ? » — « Oui, continua-t-il, vous avez cru parce que je vous parlais de cela, mais je viens maintenant vous apporter une preuve de ce que je vous disais, et vous ne croirez pas uniquement, mais vous *connaîtrez* (en prononçant ce mot avec beaucoup d'emphase) qu'il y a réellement une existence après la mort et que le spiritisme est une vérité… »

Cette attestation, conçue en termes si formels, donne à réfléchir, surtout quand on songe qu'elle vient après tant d'autres encore plus autorisées, si on tient compte des précautions prises dans de multiples séances. Il faudrait, pour être complet, consacrer aux matérialisations un énorme volume ; nous n'en mentionnerons que quatre ou cinq cas des plus saillants, en commençant par la relation de William Crookes. Celui-ci est le savant de premier plan, rompu à l'observation et à l'expérimentation, illustre par des découvertes en physique et en chimie qui porteront son nom à la postérité. Le simple bon sens nous dit que, dans cette éminente position, il ne signera pas légèrement de son nom des récits sur la vérité desquels il lui resterait le moindre doute. Il est infiniment probable qu'il a d'autant plus hésité à les publier que le fonds en était plus invraisemblable. L'évidence a dû être irrésistible. Le médium, Florence Cook, était une jeune fille d'une quinzaine d'années qui passait chez lui des semaines entières pour les séances, n'apportant avec elle qu'un petit sac de nuit, sans clef, et si constamment entourée par la famille du savant qu'il lui eût été impossible de se livrer à des préparatifs pour des supercheries. D'ailleurs elle était toujours contrôlée avec soin et, le plus souvent, sur sa demande. Les expériences avaient lieu dans un laboratoire où n'étaient admises que sept ou huit personnes, toutes des amis d'une incontestable probité. Cinq appareils de photographie étaient disposés chaque fois, prêts à fonctionner au moment de la production des phénomènes. M. Crookes opérait lui-même avec un aide. Il a obtenu quarante-quatre images du fantôme, dont quelques-unes excellentes. Où trouver de meilleures garanties d'authenticité ?

Le fantôme apparaissait et disparaissait subitement, pendant que le médium était endormi sur un canapé, dans la bibliothèque contiguë au laboratoire dont elle était séparée par un rideau. Il avait toutes les apparences d'une femme bien vivante, allant et venant au milieu des assistants, quelquefois pendant des heures, causant familièrement, racontant des épisodes de sa vie de jadis dans l'Inde, si réel qu'il permit à M. Crookes de le serrer dans ses bras, afin qu'il se convainquît davantage de sa matérialité ; il l'invita même une fois à replacer le médium sur le canapé d'où il avait glissé presque à terre, la tête penchée, pour lui montrer qu'il était distinct de lui. Il y avait d'ailleurs entre le fantôme Katie King et Florence Cook des dissemblances frappantes. Katie King était de taille variable, mais en général plus grande que Florence, comme il résulte de deux photographies dans lesquelles figure M. Crookes, dans l'une avec le fantôme, dans l'autre avec le médium. Quand on superpose les deux photographies, l'un des portraits de M. Crookes couvre exactement l'autre, tandis que celui de Katie King dépasse d'une demi-tête celui de Florence. Un soir, le pouls de Katie battait régulièrement 75 ; celui de Florence 90, parce qu'elle souffrait d'un gros rhume. Celle-ci avait la peau rude au cou à cause d'une cicatrice, le teint très brun, des cheveux presque noirs, des boucles d'oreilles et un costume de velours ; celle-là avait la peau douce au toucher et à la vue, les oreilles non percées, les cheveux d'un riche châtain doré, un teint de blonde, les doigts beaucoup plus longs, un charme exquis dans toute sa personne, et, comme vêtement, une robe blanche avec un long voile et sur la tête un turban. Dans la dernière séance, le jeudi 21 mai 1874, elle fit ses adieux au médium qui pleurait, en la recommandant avec insistance à M. Crookes.

Naturellement les railleurs ont eu beau jeu à disséquer ce récit que vous pouvez lire tout au long, avec des détails saisissants, dans l'ouvrage sus-mentionné du grand physicien. On a dit qu'il s'était laissé mystifier par la sœur cadette du médium qui jouait le rôle de Katie King, une jeune fille de 9 ans beaucoup plus petite. La passion de critiquer mène quelquefois des gens se croyant très subtils à des suppositions vraiment trop naïves. Un journaliste prétendait même, il n'y a pas très longtemps, qu'il en avait acquis la preuve, pendant un séjour à Londres. Le docteur Encausse voulut savoir à quoi s'en tenir et écrivit à M. Crookes qui lui répondit par ces quelques mots dans le *Light* du 27 août 1910 : « Cher Monsieur, j'ai déjà nié la vérité du rapport que vous mentionnez. Tout ce que je puis répéter, c'est qu'il est absolument faux et que sa répétition n'a pas l'ombre de fondement. » Comme d'habitude, bon nombre de journaux ont, avec des commentaires malveillants, publié l'attaque ; ils ont généreusement gardé le silence sur la riposte. A vous maintenant de vous prononcer entre un reporter en quête de faits divers et un célèbre expérimentateur parlant avec sérieux de ce qu'il a observé lui-même.

Cette déclaration de Crookes confirme celle de son livre à la page 196 : « Quelque épreuve que j'aie proposée, elle (le médium) a accepté de s'y soumettre avec la plus grande bonne volonté ; sa parole est franche et va droit au but, et je n'ai jamais rien vu qui pût ressembler à la plus légère apparence du désir de tromper. Vraiment je ne crois pas qu'elle pût mener une fraude à bonne fin, si elle venait à l'essayer, et, si elle le tentait, elle serait très promptement découverte, car une telle manière de faire est tout à fait étrangère à sa nature. Et quant à imaginer qu'une innocente écolière de 15 ans ait été capable de concevoir et de mener pendant trois ans avec un plein succès une aussi gigantesque imposture que celle-ci, et que pendant ce temps elle se soit soumise à toutes les conditions qu'on a exigées d'elle ; qu'elle ait supporté les recherches les plus minutieuses; qu'elle ait voulu être inspectée à n'importe quel moment, soit avant, soit après les séances; qu'elle ait obtenu encore plus de succès dans ma propre maison que chez ses parents, sachant qu'elle y venait expressément pour se soumettre à de rigoureux essais scientifiques, — quant à imaginer, dis-je, que la Katie King des trois dernières années est le résultat d'une imposture, cela fait plus de violence à la raison et au bon sens que de croire qu'elle est ce qu'elle affirme elle-même ». Est-ce assez explicite ? A qui accorderons-nous notre confiance ? Dans cette circonstance, la sagesse consisterait, semble-t-il, à suspendre au moins son jugement, avec le désir de s'éclairer davantage, en reconnaissant humblement qu'on n'a pas assez approfondi les lois de la nature pour fixer la limite du possible. Mais c'est trop demander à une multitude de gens qui, pour parler comme l'auteur des *Lettres persanes*, ne sentent « jamais que le ridicule des autres », alors qu'ils ont celui très amusant de s'agiter comme de sémillants étourneaux dans des questions qu'ils n'ont pas voulu prendre la peine d'étudier. Laissons-les se gausser à l'aise. On a si peu de satisfactions en ce bas monde ! Pourquoi leur disputer celle-là ? Pendant qu'ils se pavanent dans l'idée de leur supériorité, allons vite, pour ne pas perdre notre temps, vers d'autres fantômes.

Cette fois, nous sommes guidés par un docteur en médecine, M. Paul Gibier, mort en 1900 à New-York où il dirigeait un Institut Pasteur fondé par lui, membre de l'Académie des sciences de cette ville, membre de la Société des recherches psychiques de Londres, ex-assistant de pathologie comparée au Muséum d'histoire naturelle de Paris, auteur d'un grand nombre de mémoires et de deux livres parus, l'un en 1886, *le Spiritisme ou Fakirisme occidental*, l'autre en 1890, *Analyse des choses*, qui portent la marque d'un savant d'avant-garde. J'insiste à dessein sur ses divers titres pour le cas où vous seriez tenté de ne pas prendre assez au sérieux ce qu'il nous affirme dans un rapport des plus intéressants que les *Annales des Sciences psychiques* ont publié en 1901. Quand on traite un sujet encore trop mal connu et qu'on s'expose pour cette raison à être malmené, on est un peu excusable d'accentuer la qualité de ses références, sans qu'on ait le droit de crier au charlatanisme, surtout s'il n'est pas fait un usage immodéré de la grosse caisse.

La plupart des séances ont eu lieu dans le laboratoire du docteur Gibier, avec le concours de préparateurs qui l'assistaient dans ses travaux de biologie. On enfermait le médium, Mrs Salmon, tantôt dans un cabinet de bois, tantôt dans une cage se composant de cinq parois en treillis métallique tendu sur cadre de bois et d'une porte de même construction munie de charnières et d'un cadenas. On appliquait sur le cadenas fermé à clef un timbre-poste et deux autres sur le joint de la porte. Chaque fois, les dames de la maison examinaient le médium pour établir avec certitude qu'il n'avait aucun moyen de frauder. On expérimenta pendant dix années. Toutes les séances n'étaient pas d'égale valeur. Il y en avait de nulles ou de médiocres, même dans des cas où le médium paraissait le mieux disposé. Avant les plus belles manifestations on n'obtint que des matérialisations partielles, des mains de différentes grandeurs venant du cabinet pour caresser les assistants, des objets qui se déplaçaient d'eux-mêmes, les cordes d'une guitare qui résonnaient sans que personne les touchât, plusieurs lignes d'écriture directe sur une feuille de papier blanc. On sentait qu'une force s'essayait, luttant contre des difficultés qu'elle parvenait à surmonter en partie.

La séance du 10 décembre 1898, qui dura

de 8 h. 30 du soir à 10 h. 48, fut particulièrement mémorable. Les phénomènes se produisent devant sept assistants parmi lesquels se trouvent deux médecins et un artiste qui dessina plusieurs apparitions. On est gai et nullement dans l'attention expectante qui est censée prédisposer aux hallucinations. Le médium, vêtu complètement de noir, est examiné en détail par une dame. Il est fortement garrotté dans le cabinet, de manière à ne pouvoir faire aucun mouvement. Chacun prend sa place et, 24 secondes après, on voit des lueurs et, dans le haut du cabinet, un grand avant-bras et une main gauche nus et blancs comme neige. C'est le commencement d'une longue série de matérialisations d'inégale importance qui se succèdent à de courts intervalles. Quelque chose de blanc s'agite en bas de l'ouverture du rideau. Puis, une forme de main et d'avant-bras diaphane glisse le long de la portière et disparaît. Une voix annonce de l'intérieur du cabinet que les Esprits se livrent à une opération de magnétisme afin de faciliter les manifestations. Le docteur Gibier et l'Esprit *Maudy* s'entretiennent pendant quelques minutes. Une forme blanche, indéfinie, écarte les rideaux et les referme aussitôt. Une main diaphane apparaît et disparaît subitement. Une forme humaine vêtue de blanc se montre à peine. Un bras, ensuite le haut d'un buste et une face incomplète apparaissent pendant un instant. On entend la voix de *Maudy* qui parle de tentatives infructueuses pour une matérialisation vainement attendue pendant 15 minutes. La même voix demande à deux des assistants de se déplacer afin que celui qui est médium soit plus rapproché du cabinet. Un objet blanc, gros comme un œuf, se développe dans le sens de la hauteur, au bas des rideaux, et devient une femme paraissant âgée de 20 à 25 ans, mince, avec un voile de communiante sur la tête, s'exprimant en français, alors que le médium, une femme d'une cinquantaine d'années, assez épaisse, ignore absolument cette langue. Ce fantôme, qui dure deux minutes, embrasse deux dames, ses parentes, et est embrassé par elles qui s'écrient en même temps: « Blanche! Blanche! » Une petite fille, haute de 1 mètre environ, vêtue de couleur claire, parle, s'avance vivement vers une dame et rentre aussitôt dans le cabinet. Une grande forme de femme en corsage blanchâtre et en jupon sombre se donne le nom de *Musiquita*. *Maudy* se montre encore avec un rire d'enfant espiègle et se retire aussitôt pour laisser la place à une forme plus grande qui chante à mi-voix. Après une attente de 109 secondes, une forme du nom d'*Eva*, plus grande que les précédentes et que le médium, ayant des vêtements de couleur sombre, parle d'une voix lente, caverneuse, inintelligible, avec un visage pâle, tiré, des yeux hagards qui regardent en haut et une effrayante expression de tristesse et de souffrance. Encore *Maudy* qui dit : « *Ellan* est au Mexique ; il y a quelqu'un nous touchant de près qui est gravement malade là-bas ; mais il a promis de venir ce soir, il viendra. » Au bout de 35 secondes, arrivée d'*Ellan* habillé de noir et disant : « Bonsoir, amis ; enchanté de vous voir! » Sur la demande du docteur Gibier, il lui serre vigoureusement la main. Puis une forme féminine vêtue de blanc reste visible pendant quelques secondes. Enfin un point blanc se montre sur le parquet, au pied du cabinet. Ce point atteint la grosseur d'un œuf. Il s'agite, il s'allonge, il est une colonne de 1 mètre de hauteur sur environ 10 centimètres de diamètre au sommet de laquelle apparaissent deux prolongements transversaux lui donnant la forme d'un T. Cela ressemble à de la neige ou à un épais nuage de vapeur d'eau qui, peu à peu, se transforme en une femme voilée. Le voile disparaît et on voit une charmante figure de jeune fille, délicate, de taille svelte et élancée, de 1 m. 60 de hauteur, disant, d'une voix à peine perceptible, s'appeler *Lucie*. Elle a les bras nus. Ses cheveux noirs sont arrangés en lourds bandeaux bouffants de chaque côté de la tête, très différents de ceux du médium qui sont blonds, courts et frisés. Elle s'avance vers une dame du groupe, lui prend les mains et souffle dedans. De ces mains, un flot d'une espèce de tissu, que le docteur Gibier trouve au toucher résistant et rude comme du coton contenant de l'empois, sort, monte, s'étend au-dessus des têtes des assistants et les couvre, tandis qu'un souffle fort, régulier, continu, se fait entendre, avec de légers renforcements, semblable à celui d'un soufflet de forge, pendant au moins 30 secondes. Un homme à large poitrine soutiendrait difficilement un tel souffle pendant 10 secondes. Le docteur Gibier, le docteur L... et l'artiste T. S... s'approchent de l'apparition pour la mieux voir et la toucher ; celle-ci attire brusquement à elle toute l'étoffe étalée sur les genoux des assistants, s'écroule et cesse d'être en un clin d'œil, à 5o centimètres hors du cabinet où le docteur Gibier entre immédiatement. Le médium est à sa place, paraissant s'éveiller d'une sorte de trance, son menton couvert de salive qui coulait de la bouche, et toujours garrotté si solidement qu'on emploie beaucoup de temps à dénouer les liens.

Ce récit, comme les autres, nous promène dans l'invraisemblance. Impossible de nous arrêter à l'idée que ces nombreuses apparitions sont le médium sous divers déguisements, puisque celui-ci avait été immobilisé sur sa chaise, et, d'ailleurs, comment aurait-il pu, sans devenir suspect, dissimuler l'attirail nécessaire pour tant de supercheries ? Il faudrait donc admettre que dans ce groupe de sept personnes honorables, depuis longtemps unies dans une confiance réciproque, se trouvaient des compères associés en vue de mystifications très variées ; mais, dans ce cas, comment les autres ne se seraient-ils pas doutés de leurs manigances, car, pour apparaître et disparaître de la sorte, ils auraient dû abandonner leurs places et se servir de trucs auxquels n'était pas adapté le laboratoire du docteur Gibier ? La tromperie venait-elle d'imposteurs qui se seraient subrepticement introduits dans la salle des séances ? Ils auraient dû se faufiler plusieurs, différents de taille et de sexe, munis de leurs accessoires, avec d'habiles procédés de prestidigitation, sans éveiller le moindre soupçon, pendant plusieurs années, dans un local où il était difficile, pour ne pas dire impossible, de passer inaperçu. Cette hypothèse inadmissible étant écartée, on est obligé de recourir à celle d'une hallucination collective. Voilà un groupe d'amis dans lequel figurent deux docteurs en médecine ; ils constatent les mêmes phénomènes ; leurs sens, vue, ouïe, tact, sont impressionnés au même instant de la même manière, et ils sont également victimes des mêmes aberrations ! Est-ce probable, une hallucination qui se reproduit de la sorte, régulièrement, dans un nombre considérable de séances, chez des gens pondérés, avertis, méfiants, cultivés ? On évite l'invraisemblance pour y retomber.

D'ailleurs cette hypothèse de l'hallucination, nous la retrouverons bientôt dans des circonstances où elle est absolument insoutenable. Nous vous présentons le témoignage du docteur Chazarain consigné dans un livre des plus curieux : *Matérialisations peu connues observées à Paris...* L'auteur cite, à la page 22, ces paroles du géologue anglais, P. Barkas, parvenu, après dix ans d'expériences, à se convaincre de l'authenticité des phénomènes spirites : « Qui peut déterminer les limites du possible, limites que la science et l'observation reculent chaque jour ? Examinons, doutons, mais ne soyons pas assez hardis pour nier la possibilité de pareilles occurrences. » Dans l'état actuel de la science psychique, douter c'est faire un pas vers la croyance, car les preuves s'accumulent tellement qu'il faudra bientôt, pour ne pas les voir, être aveuglé par le parti pris de la négation.

Ce que nous avons raconté jusqu'ici est bien fantastique ; ce que nous allons raconter ne l'est pas moins, avec des détails tout nouveaux. Le docteur Chazarain a assisté à plus de 100 séances, de mai 1882 à juin 1884, les unes obscures, les autres en demi-lumière ; celles-ci, dont nous nous occuperons exclusivement, offrant les plus solides garanties de contrôle. On se réunissait une fois par semaine. Il n'est pas téméraire de supposer que des gens instruits ont pu, dans ce long espace de temps, s'assurer par divers moyens qu'ils n'étaient pas mystifiés. A chaque séance, la porte de la salle était fermée à clef et cachetée. L'éclairage, venu d'une petite lampe entourée d'un cylindre de papier de couleur, permettait aux assistants de se voir. Le médium, Mme Bablin, une Belge, après avoir été minutieusement visité par des dames, s'asseyait, dans le cabinet noir, sur un fauteuil fixé au parquet; on l'y attachait avec des liens dont les nœuds étaient plombés; il ne pouvait ni se déplacer ni se servir des mains. Les membres du groupe, faisant la chaîne, étaient disposés en demi-cercle devant le cabinet. Ceux qui se trouvaient aux deux extrémités tenaient avec leur main libre une corde qui, entourant le cabinet, encerclait le médium.

Il y eut au début, comme d'habitude, des tâtonnements, de simples lueurs, des formes indécises, par exemple celle d'un enfant qui essaya en vain de se matérialiser. Plus tard, un Esprit, du nom de *Firmin*, en donna la raison que nous lisons à la page 70 : « Vous manifestez beaucoup d'impatience, dit-il le 25 décembre 1883, et vous nous découragez quand vous dites, comme quelques-uns l'ont fait pendant cette dernière séance, que les phénomènes sont bien longs à se produire. Il faut que vous sachiez que nous avons de grandes difficultés à surmonter, et que nous sommes aussi contrariés que vous, quand nous ne pouvons pas réaliser les manifestations que nous voulons vous donner. Aujourd'hui l'esprit du médium nous a dominés; nous n'avons pu agir comme nous aurions voulu. Le dernier Esprit que vous avez eu dans le cercle aurait voulu se composer un visage plus reconnaissable et il ne l'a pas pu... »

On finit par assister à des scènes d'apparition égalant en magnificence les plus célèbres dans les *Annales du psychisme*. Les fantômes sortaient du cabinet, les uns après les autres, différents de costume, de taille, de visage, quelques-uns reconnus par des parents, donnant des poignées de main ou des baisers. Celui-ci se penchait à l'oreille d'une dame et lui disait : « Courage, ma fille, courage ! » paroles qui s'expliquaient le lendemain par la mort accidentelle de son nourrisson; celui-là se présentait avec des roses fraîches qu'il distribuait ; un troisième prenait un éventail et éventait les assistants ainsi que le médium vu dans l'entre-bâillement des rideaux ; un autre soufflait dans l'oreille du docteur Chazarain, en lui laissant une impression de respiration normale. L'un d'eux se fit peser sur une bascule ; son poids était de 91 kilos, tandis que celui du médium était de 96. Il y avait dans le cabinet une boîte à musique ; un fantôme sort la portant dans ses mains ; il la monte, elle joue et il arrête le jeu à volonté, sans la toucher. Il y avait aussi une lanterne sourde, un fantôme la prend et s'éclaire le visage. Dans une autre séance, un fantôme la laisse tomber par mégarde ; avec ses doigts huilés, il touche en riant le front de plusieurs personnes. Ces Esprits matérialisés prirent maintes fois des assistants par la main pour les conduire dans le cabinet où ils virent le médium assis avec une bobèche phosphorescente sur la poitrine. Ils écrivirent même des messages sous les yeux des assistants, notamment l'un d'eux qui arriva de l'intérieur du cabinet, avec une table et une feuille de papier ; il montra la feuille afin qu'on s'assurât qu'aucune trace d'écriture n'était sur elle, et, après avoir écrit quelques lignes, il la roula et la remit à un assistant.

Le 13 octobre 1883, apparaît une forme revêtue d'une robe noire, large et flottante, avec un voile blanc sur la tête lui donnant l'air d'une religieuse. Elle a de quarante-cinq à cinquante ans. Elle se promène dans le cercle, avec une expression de profonde béatitude et des poses extatiques, embrasse une dame qui reconnaît en elle sa sœur, soulève à plusieurs reprises les rideaux afin que tous voient le médium endormi, et, pour qu'il ne restât aucun doute à cet égard, conduit successivement cinq personnes, parmi lesquelles le docteur Chazarain, à l'entrée du cabinet, en les tenant par la main ; enfin, elle va chercher dans le cabinet, où on les avait préparés, d'abord un vase rempli de parafine fondue, ensuite un vase rempli d'eau froide qu'elle dépose au milieu du cercle, plonge alternativement sa main gauche dans la parafine et dans l'eau, et, quand la main est enveloppée d'une suffisante couche de parafine durcie en se refroidissant, elle la montre à chacun, la donne à serrer au docteur Flaschoen, la dégage, laisse le moule et disparaît. On n'avait qu'à verser du lait de plâtre dans ce moule et à le briser pour avoir une main admirablement naturelle sans aucune soudure. A la fin de presque toutes les séances, les vêtements du médium étaient jetés devant le groupe et, quand on entrait dans le cabinet, on voyait le médium n'ayant que sa chemise et toujours pris dans ses liens dont les nœuds plombés étaient intacts.

Le docteur Chazarain, qui raconte ces faits avec décision, n'était-il, ainsi que ses coopérateurs, qu'un halluciné ? Ce serait déjà un phénomène extrêmement curieux, surtout si souvent renouvelé : des gens sains d'esprit que leurs sens ne trompent pas, en temps ordinaire, et à qui il suffit de se réunir, avec l'intention de se livrer à des expériences de psychisme, pour que leur organisme transformé produise les illusions les plus stupéfiantes. Mais, à ce compte, êtes-vous sûr de tenir, en ce moment, un livre dans votre main ? La chose est vraisemblable ; cependant un raisonneur insidieux pourrait vous démontrer qu'il y a des motifs d'en douter, puisque le propre de l'hallucination est de nous donner l'impression de la réalité. J'ose affirmer néanmoins qu'il ne vous convaincrait pas. J'ai eu l'occasion d'assister avec le docteur Chazarain à des séances de matérialisation, en 1909, à Paris ; il était, un quart de siècle après, toujours certain de l'authenticité de ces phénomènes, à moins que je ne fusse moi-même halluciné, en l'entendant parler. Cependant le moule de parafine me rassure en ce qui concerne l'intégrité de mon intelligence, à cette occasion du moins. La main du fantôme qui y était emprisonnée aurait dû, en se retirant, le briser à la naissance du poignet. Il a donc fallu qu'elle se dématérialisât pour le laisser intact. Le supranormal prenait ici un caractère permanent qu'il était loisible à tous de constater. Les contradicteurs ont la ressource de révoquer les témoignages des docteurs Chazarain et Flaschoen, avec une pointe de commisération. Quand il s'agit d'opinions non encore consacrées par la science officielle, la réfutation par la pitié, en y ajoutant un léger haussement d'épaules accompagné d'un fin sourire, est ce qu'il y a de plus décisif. Heureux mortels, inébranlables comme des rocs, alors que d'autres, moins sûrs d'eux-mêmes, éprouvent toujours le besoin de s'enquérir !

Laissons-les jouir en paix de leur supériorité et, pour continuer notre propos, causons des matérialisations de la villa Carmen à Alger qui eurent, en 1905, du retentissement, grâce à la notoriété des expérimentateurs, l'un professeur à la Faculté de médecine de

Paris et membre de l'Académie des sciences, célèbre par ses découvertes, l'autre, directeur de la *Revue scientifique et morale du spiritisme*, auteur de nombreux ouvrages où la vigueur du raisonnement s'unit à la richesse de la documentation ; le premier procédant avec une si grande réserve qu'il n'est pas résolument affirmatif, même lorsqu'il est tout à fait convaincu, le second allant de l'avant avec décision et proclamant sa foi, quand il a conquis la certitude ; l'un et l'autre croyant également à l'authenticité des phénomènes, mais en les expliquant différemment ; M. Charles Richet, en sa qualité de matérialiste, hostile à l'hypothèse des communications entre les vivants et les morts, M. Gabriel Delanne, au contraire, spirite enthousiaste ; tous les deux ayant le courage de leur opinion en un temps où, malgré tant de progrès, se perpétue le culte de la routine, notamment dans les cinq classes de l'Institut. Chacun a publié une relation des phénomènes observés en commun : M. Richet dans les *Annales des Sciences psychiques* de novembre 1905, M. Delanne dans sa *Revue* de la même année. Il est intéressant de comparer ces récits qui s'accordent parfaitement, animés de l'esprit critique du savant qui ne se résoud à conclure qu'après avoir épuisé les moyens de douter.

La salle était inspectée avec soin, avant et après chaque séance, non pas qu'on eût le moindre motif de suspecter la bonne foi de personne, mais pour se défendre contre les malveillants. On fermait portes et fenêtres. Aucune trappe qui permît à un mystificateur d'apparaître et disparaître à son gré. Les phénomènes ne se produisaient pas dans l'obscurité; grâce à la lumière d'une bougie placée dans une lanterne photographique à verre rouge, on pouvait facilement se reconnaître à 1 mètre ou 1 m. 50 de distance et distinguer les médiums assis dans le cabinet.

Les séances n'étaient pas toutes d'égale valeur comme dans les exercices de prestidigitation où on opère avec des trucs invariablement agissants. Quelquefois on n'obtenait que des embryons de phénomènes ; d'autres fois, ils se succédaient avec une plénitude qui dissipait l'impression de découragement laissée par les séances nulles ou médiocres. On voyait alors sortir du cabinet un fantôme se donnant le nom de *Bien-Boa*, à figure pâle avec une épaisse barbe noire, un gros nez, la tête couverte tantôt d'un turban, tantôt d'une espèce de casque à reflets d'or sur lequel était jetée une étoffe retombant sur les épaules, de riches broderies sur la poitrine et une robe d'une blancheur éclatante. Ce n'était ni une image reflétée sur un miroir, ni une poupée, ni un mannequin, puisqu'il allait et venait dans la pièce. On entendait le bruit de ses pas, sa respiration, sa voix. Il embrassait des assistants. Il serrait vigoureusement la main de M. Richet qui sentait le contact d'une main articulée, chaude, mobile. Dans une circonstance, il s'adressa à celui-ci; le général Noël, chez qui on se réunissait, lui répondit, se croyant interpellé, et le fantôme désigna du doigt M. Richet. Une autre fois, comme les assistants émerveillés applaudissaient, il revint à deux ou trois reprises dans l'entre-bâillement des rideaux pour leur faire des saluts. On voyait simultanément le médium endormi sur sa chaise et *Bien-Boa* hors du cabinet; plusieurs fois même *Bien-Boa* repoussa le rideau, afin qu'on pût mieux distinguer le médium; il prenait la main de celui-ci, la soulevait et la laissait retomber. Il ne se présentait pas toujours sortant droit du cabinet; il lui arrivait de ramper sous le rideau pour se redresser ensuite. Mais il avait une autre manière absolument inimitable d'apparaître dans une salle où n'existait aucun procédé caché pour exécuter des tours de passe-passe. C'était quelque chose comme une boule blanche, lumineuse, à contours indécis, flottant sur le sol, en dehors du rideau ; cette luminosité s'élevait rapidement et devenait *Bien-Boa ;* après quoi, le fantôme s'affaissait, diminuait, sa tête touchait le sol, disparaissait, et, au bout de quelques secondes, il se relevait soudain en ligne verticale, pour s'évanouir de la même manière, sous les yeux de tous.

Le vendredi 1ᵉʳ septembre, il donne une preuve nouvelle de sa présence. Il avait promis de se prêter à l'expérience de la baryte. M. Richet avait préparé « un flacon contenant de l'eau de baryte, limpide, et disposé de telle sorte qu'en soufflant dans un tube de caoutchouc, on pouvait faire barboter l'air expiré dans l'eau de baryte ». Le fantôme se penche en dehors du rideau et, par la fente, M. Richet distingue nettement Aïscha, une négresse, assise très loin de *Bien-Boa,* et Marthe, le médium, dont il ne voit pas bien la figure, mais dont il reconnaît la robe, la chemisette du corsage et les mains. M. Delanne, placé autrement, fait remarquer à haute voix qu'il distingue Marthe tout entière, et, comme le point capital de l'expérience est précisément dans la vue complète de Marthe, toute l'attention de M. Richet est portée sur elle. Ici, nous reproduisons intégralement sa relation : « J'entends *B. B.* qui essaie de souffler dans le tube ; mais il souffle mal, et sa respiration, ne passant pas à travers le tube, mais passant au dehors, ne fait pas de barbotage. Alors le général lui explique qu'il faut faire *glouglou*, ce qui n'arrive que si l'on fait passer l'air expiré par le tube. Alors enfin *B. B.* réussit à faire *glouglou*. Il souffle avec force, j'entends le barbotage qui dure environ une demi-minute ; puis *B. B.* fait signe de la tête qu'il est fatigué et qu'il ne peut plus continuer. Alors il me passe le tube à baryte ; je constate que le liquide est devenu tout blanc. » Il s'était donc formé du carbonate de baryte par le souffle du fantôme qui respirait comme un être humain. Pendant cette opération, M. Delanne, à trois reprises différentes, fit à haute voix cette remarque qu'on distinguait parfaitement la forme du médium.

L'expérience de la baryte met l'hypothèse de l'hallucination en assez mauvaise posture ; la photographie achève de la démolir. *Bien-Boa* a été photographié, en même temps, à l'éclair du magnésium par Mme X... avec un kodak, par M. Delanne avec un appareil stéréoscopique, et par M. Richet avec un stéréoscope vérascope Richard. Celles des épreuves qui ont réussi laissent encore à désirer pour la netteté des détails, à cause des conditions désavantageuses où on était; elles suffisent néanmoins pour établir la présence simultanée du fantôme, de la négresse et du médium.

Ces mémorables expériences ont valu, cela va sans dire, à leurs auteurs, particulièrement à M. Richet que sa grande situation dans le monde officiel met plus en vue, les brocards d'une multitude de détracteurs, parmi lesquels on voit s'agiter des faux savants prenant des airs d'exécuteurs. Selon eux, Areski, un domestique arabe du général Noël, se serait introduit subrepticement dans la salle des séances pour simuler le fantôme, et le médium aurait déclaré qu'il y avait une trappe par où *Bien-Boa* opérait. Or, Areski n'a jamais assisté à aucune des séances mentionnées par MM. Richet et Delanne; quant à la trappe, un architecte d'Alger, dont la signature est légalisée par le maire, certifie dans un procès-verbal qu'elle n'existe pas. La pauvreté de l'attaque rendrait inutile la défense, si nous ne vivions pas dans un monde où la vérité, quand elle a contre elle le préjugé, prend facilement l'allure d'une coupable. Dans ce débat, quels sont les accusés ? Deux hommes éminents qui racontent avec fermeté ce qu'ils ont longuement observé avec sang-froid. Et les accusateurs ? Des gens qui n'ont pas vu, mais qui, irrités contre des nouveautés, les combattent instinctivement avec exaltation.

Heureusement ces expériences sont confirmées par celles qui ont eu lieu chez Mme Alexandre Bisson. Celle-ci en a rendu compte dans un ouvrage de très haute importance : *Les Phénomènes dits de matérialisation*. Le médium désigné sous le nom d'Éva C... n'est autre que la Marthe Béraud de la villa Carmen. Or, si Marthe Béraud est un puissant médium à Paris, elle a pu l'être à Alger. Ayant été attaquée avec une extrême violence, on n'a pas dû, cela va de soi, l'employer pour de nouvelles expériences sans la surveiller de très près. Mme Bisson avait pour collaborateurs des hommes de science tels que le docteur Schrenck Notzing, MM. Delanne et de Vesme et plusieurs médecins qui poussèrent le contrôle jusqu'aux dernières limites de la minutie. Il suffit de voir les photographies — le livre en contient 165 — pour être favorablement impressionné. On y aperçoit le médium et, à côté de lui, des mains, des têtes de fantômes et, dans quelques-unes, des matérialisations complètes d'une même personnalité. Mais il s'est produit, dans ces séances mémorables et pendant plusieurs années, un phénomène qui n'avait jamais été constaté.

« Nous avons très souvent pu, dit le docteur Schrenck Notzing, établir que, par un processus biologique inconnu, il se dégage du corps du médium une matière, tout d'abord à demi liquide, qui possède certaines des propriétés d'une substance vivante, notamment celle du changement de consistance, du mouvement et de la prise d'une forme définie. Les images primitives que développe cette masse gélatineuse prennent la forme de membres humains, avec des contours tout d'abord simplement ébauchés pour arriver, au moment suprême de leur formation, à ne se distinguer que fort peu d'organes vivants. Il y a évidemment dans cette substance une faculté transcendante de former artificiellement des images optiques et de leur donner l'aspect de visages à l'instar de la sculpture ou du dessin. L'énigme la plus mystérieuse que présentent ces phénomènes observés, c'est, à mon avis, la présence de ce précipité idéoplastique qui forme des figures d'hommes et de femmes, ainsi que des fantômes entiers. On pourrait douter de la véracité de ces faits, s'ils n'avaient été vérifiés à nouveau des centaines de fois, au cours de laborieuses expériences, dans des conditions variables et entièrement rigoureuses... » Allez à la page 60 du livre de Mme Bisson, vous y verrez nettement cette substance qui tombe dans la main du docteur Schrenck Notzing. Cette photographie, comme tant d'autres, est de nature à ébranler ceux à qui le fanatisme de l'incrédulité n'enlève pas la liberté du jugement.

La presse, il fallait s'y attendre, a voulu jeter le discrédit sur ces faits. Des journalistes, avant de s'enquérir, se sont prononcés avec le dédain coutumier, non sans donner quelquefois la parole aux défenseurs pour mieux amorcer la curiosité du public, mais avec l'intention de laisser le dernier mot à l'attaque, afin de produire une impression défavorable. Un certain prestidigitateur, dont le nom importe peu, est parti en guerre dans des conférences et des articles qui lui ont servi de réclame. Il a même dit avec une élégante décision, dans *La Vie mystérieuse* du 10 mars 1914 : « Mes conférences ont pour but de prouver que le spiritisme n'existe pas, ne peut pas exister. Et, en effet, il est contraire à l'esprit des religions et, s'il existait, il serait en concurrence avec elles. Il est contraire à l'esprit du matérialisme. Tous les savants qui ont étudié la question de l'Au-delà sont unanimes à déclarer que personne encore n'a trouvé la clef du mystère de l'inconnu... » Vous ne sauriez raisonnablement exiger d'un prestidigitateur de profession qu'il ne fasse pas des tours d'escamotage. En voilà un, et des plus habiles. Vous aviez devant vous le psychisme, le spiritisme présentés par des hommes de science. M. X... souffle dessus ; il ne reste plus rien. C'est incontestablement très remarquable. Hélas ! on a toujours des envieux et des critiques, pour qui rien n'est sacré, pas même les joueurs de gobelets, trouvent un peu singulière cette attitude d'un quidam, tapageur et dépourvu des connaissances nécessaires, ayant l'air de dire avec de grands gestes de bravache : « Des médecins, des professeurs de Faculté, des savants illustres affirment la réalité de ces phénomènes. Pauvres gens! Comme on les a mystifiés! Si j'avais été là, j'eusse vite découvert le truc, moi! Nous ne sommes pas de ceux qu'on berne aisément! » Et un certain public mis en gaieté d'applaudir! Naturellement, l'escamoteur, qui flatte le gros bon sens, a la partie belle contre l'initiateur qui le froisse par des nouveautés. Que faire ? S'indigner ? A quoi bon? Laissons le sourire si spirituel de la routine s'épanouir largement sur la face de railleurs trop convaincus de leur supériorité pour reconnaître qu'ils auraient encore quelque chose à apprendre, et remercions-les de servir, à leur manière, la vérité, en l'attaquant.

J'ai eu, d'ailleurs, le privilège d'assister à deux séances chez Mme Bisson. Qu'il me soit permis de raconter mes impressions, heureux de rendre mon témoignage, si peu important qu'il soit, parce que, dans l'enquête sur les phénomènes psychiques, la voix des petits ne se joint pas à celle des grands, sans qu'il résulte du concert des opinions une force pour la vérité.

Je me suis senti, dès l'abord, dans un milieu profondément honnête où vous êtes formellement invité à vous assurer qu'il n'y a pas à craindre la moindre tentative de supercherie. Je répéterai même qu'on va, par scrupule, jusqu'à des minuties de contrôle qui seraient puériles, si on n'avait pas à repousser des accusations d'imposture ou de négligence. Et puis, en supposant que le médium fût suspect, est-il vraisemblable qu'il eût pu, pendant plus de huit années, dans un local réduit dont aucun recoin ne se prête à la dissimulation, tromper de nombreux assistants parmi lesquels on compte des hommes de grande valeur extrêmement méfiants ? Le premier soin est d'inspecter le cabinet obscur : pas la moindre trace d'un truc quelconque, un simple fauteuil en osier pour le médium. Celui-ci arrive ensuite. Son chignon, assez volumineux, pourrait cacher un attirail ; vous le palpez : pas autre chose qu'une chevelure abondante. Et sa bouche, qui sait si elle ne contient pas quelque étui à mystification, car l'art de la tromperie est parfois d'une ingéniosité diabolique? Elle l'ouvre toute grande ; tout y est d'un naturel parfait. Derrière une étoffe formant écran dont deux dames tiennent les bouts, elle revêt un maillot noir et un sarrau de la même couleur que l'on coud du haut en bas avec du fil blanc, ainsi que les manches fortement serrées aux poignets. A peine assise dans le cabinet, elle s'endort. Ses mains ne cessent pas d'être visibles. Elles sont constamment tenues par l'un des assistants qui immobilise ses jambes entre les siennes. Je suis placé près d'elle, je la touche, je la vois sur son siège, dans une lumière atténuée, mais telle que le moindre détail ne saurait passer inaperçu. Elle a la tête penchée et elle gémit, comme s'il se produisait en elle un travail pénible dans l'élaboration mystérieuse des phénomènes que nous attendons. Que faire, je me le demande, pour se mieux prémunir contre la fraude? Si, dans ces conditions, je ne puis pas affirmer la réalité des faits, je ne suis absolument sûr de rien. J'ajoute foi au témoignage de mes sens, comme vous à celui des vôtres, et, si les arguties des raisonneurs nous interloquent, elles ne nous convainquent pas. Certains savants ont, pour former leur opinion, surtout quand il s'agit de rompre avec les idées courantes, des exigences très légitimes. Il ne faudrait pourtant pas que la déférence pour le sens commun les mît en état de révolte contre le bon sens qui s'incline devant l'évidence, même lorsqu'elle froisse la routine. Ils ne sont pas rares, les hommes distingués que les préventions aveuglent au point de les rendre incapables de voir ce qui crève les yeux. Ils ressemblent à ces hypnotisés qui, sous l'empire d'une suggestion, aperçoivent une seule chose, à l'exclusion de toutes celles qui sont à côté. Comme ils jouissent d'une sérieuse autorité, leur auto-suggestion se communique à une multitude de gens jurant par eux, et le progrès se trouve arrêté, ou du moins ralenti, par ceux que des mérites incontestables semblaient prédestiner à l'accélérer. Et je conclus que, tout en ayant pour eux, fussent-ils membres de l'Institut, la déférence qui leur est due, on a le droit de ne pas abdiquer la liberté de son jugement en des matières où ils peuvent être complètement ignorants.

La première séance du 24 mars 1917 fut nulle. Nous attendîmes en vain pendant près d'une heure qu'un phénomène se produisît. Nous étions cependant animés des meilleures dispositions, avec une curiosité d'autant plus avide — je parle en particulier pour moi — qu'elle était excitée par la renommée de ces expériences. Si l'intense désir de voir était un des générateurs de l'hallucination, j'aurais dû, ce soir-là, être halluciné. Mme Bisson, qui savait ma passion pour ces études, paraissait contrariée de ma déception, et le médium, habitué à ces mésaventures, en prenait aisément son parti. Pourquoi ces inégalités dans les résultats ? La médiumnité, on le constate sans cesse, est une faculté qui ne se prête pas à nos désirs ; elle dépend de la santé, de l'atmosphère, du milieu et d'autres causes inconnues qui en activent le travail ou l'empêchent. Nous sommes dans une région à peu près inexplorée. On y observe les phénomènes supranormaux, quand ils se présentent, sans avoir aucun moyen de les reproduire à volonté, comme on fait dans les expériences de physique ou de chimie. Vous ne voudriez pas commettre la sottise d'être en délicatesse avec la Nature, parce qu'il lui plaît qu'il en soit ainsi. Mais cette séance, quoique nulle, contenait néanmoins un enseignement. Si ces phénomènes provenaient de trucs, comme les trucs ont un rendement invariable, on ne s'en irait jamais bredouille. Les insuccès sont donc une preuve de sincérité. Direz-vous qu'on les ménage habilement pour mieux disposer les assistants à la confiance, aux jours de prétendue réussite? Cette objection, je le confesse, me rend stupide. Il y a des cas où le silence est la meilleure des réponses, car on risque, à vouloir convaincre les réfractaires obstinés, d'augmenter encore leur entêtement.

Le mardi 27, je me rendis à la seconde séance avec un réel découragement auquel mon départ de Paris, décidé pour le lendemain, ajoutait du dépit. Cette fois, Mme Bisson en personne avertie, grâce à une longue pratique, eut, dès le premier quart d'heure, le pressentiment que nous obtiendrions quelques résultats. Elle signala l'apparition, sur la poitrine du médium, d'une tache, large comme une pièce de cinquante centimes, qui, blanchâtre, se montrait sur la blouse noire. Me prenant la main droite, elle plaça mon index à cet endroit et je sentis une humidité froide. C'était une parcelle de cette substance qu'on voit dans les photographies de son livre, qui se dégage du corps du médium, tantôt de la bouche et du cou, tantôt de l'épigastre, quelquefois à une petite distance, et qui sert aux matérialisations. Elle vient à l'improviste, dure plus ou moins longtemps et se résorbe instantanément. Quelques instants après, surgit entre les mains du médium, toujours contrôlées, une plus grande parcelle de cette substance, de couleur brune, de forme allongée et arrondie, où s'accomplissait une opération rapide et confuse qui aboutit à la formation d'une espèce de doigt. Ensuite, sur l'épaule gauche du médium qui, la tête penchée, ne cessait de gémir, nous vîmes une main très blanche, aplatie, d'un relief assez peu accusé, semblable à celle que représente la figure 20 de l'ouvrage susmentionné, mais mieux dessinée et plus tombante.

Sans doute cette séance n'eut pas le caractère grandiose de celles trop rares où apparaissent des corps entiers, plus fréquemment des têtes, les unes de personnes inconnues, les autres de défunts très reconnaissables et qu'on a photographiés à la lumière du magnésium. Il a été pris quatre photographies du mari de Mme Bisson, l'éminent dramaturge dont plusieurs pièces font partie du répertoire. Ceux qui croient à des manigances de truqueur doivent s'étonner qu'après avoir avivé notre curiosité par une séance nulle, on ne l'ait pas satisfaite par des phénomènes de premier ordre, puisque le contraste aurait été destiné à nous mettre dans de meilleures dispositions pour croire. Il s'est produit ce que j'ai constaté des centaines de fois, notamment en typtologie où l'on a l'impression qu'une personnalité invisible, en cherchant à se communiquer, lutte, sur un plan qui n'est pas le sien, contre des difficultés dont elle triomphe plus ou moins, selon les circonstances. Ce sont des tâtonnements, des coups péniblement frappés, des mots inachevés, des bouts de phrases, et, aux bons jours, des messages d'une belle tenue se déroulant avec aisance. La même diversité de résultats se manifeste dans l'ordre des matérialisations. J'en ai assez vu néanmoins pour être certain de l'authenticité de tous les phénomènes obtenus dans ces séances mémorables. Pourquoi ne croirais-je pas à la légitimité de mon induction ? J'étais dans une atmosphère de probité, je distinguais des phénomènes déjà photographiés : est-il contraire à la logique de supposer que les phénomènes plus considérables qu'il ne m'a pas été donné de voir sont vrais, eux aussi, puisque, dans des conditions identiques, ils ont découlé de la même source ? Il me faudrait, pour en douter raisonnablement, prouver que, dans une seule séance, j'ai atteint l'extrême limite du possible et que les témoins de matérialisations plus complètes ont été de pauvres dupes. On a, me semble-t-il, le droit, sans être d'une crédulité niaise, de ne pas s'attribuer exclusivement le don de la perspicacité, à l'exemple des gens qui n'accordent d'importance qu'à leur propre témoignage. Assurément, ces présomptueux savourent l'avantage de se complaire dans l'excellente opinion qu'ils ont de leur jugement; reste à savoir si cette satisfaction ne contribue pas à les appauvrir. Spectacle divertissant! Vous parlez naïvement de choses extraordinaires que vous avez bien constatées à des personnes prévenues qui vous prennent pour un benêt, et vous les quittez un peu penaud, en songeant au mal qu'elles diront de vous, alors que vous avez sur elles cette supériorité de posséder une vérité dont elles ne veulent pas s'instruire. Exerçons-nous à supporter stoïquement cette infortune, avec l'indulgence d'un philosophe qui ne s'étonne de rien, pas même de l'ignorance d'un prestidigitateur.

La réalité du fantôme étant admise, on se demande quelle est sa provenance. Vous avez beau présenter, nous l'avons déjà dit, à un psychiste systématiquement hostile à la doctrine de la survivance les phénomènes les plus probants, dont il ne conteste pas l'authenticité, il refuse par principe de les attribuer à des personnalités de l'Au-delà. Il imagine des théories décorées de noms grecs, cryptomnésie, ectoplasme, idéoplastie, psychodynamisme, etc..., mots assurément distingués, mais peu lumineux. Les inventeurs de ces vocables prestigieux sont animés de l'intention louable de chercher la cause du supranormal sans sortir du monde visible, et, dans ce but, ils enflent les pouvoirs du subconscient jusqu'à faire de celui-ci une sorte de divinité capable de créer, pour quelques instants, des êtres vivants. Assurément il y a dans les profondeurs de notre nature des régions mystérieuses, encore inexplorées, d'où émergent accidentellement des phénomènes extraordinaires pouvant s'expliquer par des forces dont la source est en nous. Mais nul, pas même le matérialiste le plus riche de science et de génie, n'a la preuve indiscutable de l'inexistence d'un monde extra-terrestre dans lequel les disparus continuent de vivre avec la faculté de se communiquer. La question de l'Au-delà restant toujours ouverte, il s'agit de savoir s'il existe des phénomènes paraissant émaner de personnalités invisibles avec une telle probabilité que la croyance à celles-ci en découle tout naturellement.

Ils sont nombreux les penseurs qui, informés des arguments du matérialisme, n'ont pas été convaincus par lui. Nous citerons une opinion de M. Henri Bergson, le professeur bien connu du Collège de France qui, dans un discours prononcé le 28 mai 1913, en prenant possession du siège présidentiel de la *Society for Psychical Research* de Londres, a dit : « Plus nous nous accoutumerons à cette idée d'une conscience qui déborde l'organisme, plus nous trouverons naturelle et vraisemblable l'hypothèse de la survivance de l'âme au corps. Certes, si le mental était rigoureusement calqué sur le cérébral, s'il n'y avait rien de plus dans une conscience humaine que ce qu'il serait possible de lire dans son cerveau, nous pourrions admettre que la conscience suit les destinées du corps et meurt avec lui. Mais si les faits, étudiés sans parti pris, nous amènent au contraire à considérer la vie mentale comme beaucoup plus vaste que la vie cérébrale, la survivance devient si probable que l'obligation de la preuve incombera à celui qui la nie, bien plutôt qu'à celui qui l'affirme; car, ainsi que je le disais ailleurs, l'unique raison que nous puissions avoir de croire à une extinction de la conscience après la mort est que nous voyons le corps se désorganiser, et cette raison n'a plus de valeur si l'indépendance au moins partielle de la conscience à l'égard du corps est, elle aussi, un fait d'expérience ». C'est un peu à tort que nous n'avons pas compris M. Bergson dans notre nomenclature de tout à l'heure.

Puisque nous sommes en veine de citations, rapprochons de son opinion celle de sir Oliver Lodge, recteur de l'Université de Birmingham, dans un discours prononcé à « l'Association britannique pour le Progrès de la science », devant plus de 2.500 savants anglais ou étrangers, le 10 septembre 1913. L'éminent physicien n'a pas craint de s'exprimer ainsi, au risque d'étonner des confrères matérialistes: « Pour rendre justice à moi-même et à mes collaborateurs, il me faut causer quelque ennui à mon auditoire actuel, non seulement en affirmant notre conviction que des faits considérés maintenant comme occultes peuvent être examinés et ordonnés par des méthodes scientifiques, appliquées soigneusement et avec persistance, mais aussi en allant plus loin, et en disant, très brièvement d'ailleurs, que les phénomènes examinés ainsi m'ont convaincu que la mémoire et les affections ne sont pas limitées à cette combinaison avec la matière par laquelle seulement elles peuvent se manifester ici et maintenant, et que la personnalité persiste au delà de la mort corporelle... » Le 22 novembre 1914, il s'exprimait d'une manière encore plus explicite : « ... Une fois que nous avons constaté que la conscience est quelque chose en dehors du mécanisme qu'elle emploie, nous constatons, en même temps, que la survie est la chose la plus simple, la plus naturelle. Nous continuerons certainement à exister après la mort. Pourquoi vous dis-je cela ? Je le dis à un point de vue nettement scientifique. Je le dis parce que je sais que certains de mes amis décédés existent encore, puisque j'ai causé avec eux... Étant des hommes de science, ces amis ont fourni la preuve de leur identité, la preuve qu'ils étaient eux réellement, et non point quelque personnification ou quelque autre chose émanant de moi-même. Nous nous occupons de publier quelques-unes de ces preuves ; plusieurs autres seront mises de côté pour un certain temps, mais seront publiées plus tard... Pour ma part, je n'ai plus aucun doute à ce sujet, quoique, durant un assez grand nombre d'années, j'aie tâché d'avoir recours à toutes sortes d'explications différentes ; mais peu à peu, l'une après l'autre, elles ont été éliminées, et j'ai atteint la preuve que les êtres qui communiquent avec nous sont réellement ceux qu'ils disent être... » Le même savant, dans son livre *La Survivance humaine*, avait dit, page 265 : « La barrière qui existe entre les deux états — le connu et l'inconnu — est encore épaisse, mais elle s'amincit en quelques points. Comme des mineurs en train de percer un tunnel à ses deux extrémités, nous commençons, au milieu du mugissement des eaux et de mille autres bruits, à entendre, de temps en temps, les coups de pic de nos camarades qui travaillent de l'autre côté... »

Oliver Lodge s'est longtemps contenté de l'hypothèse animiste ; il l'a abandonnée, parce que, pour expliquer certains phénomènes, elle lui semble moins raisonnable que l'hypothèse spirite. Il n'est pas de ces psychistes insatiables qui, insistant exclusivement sur les faits favorables à leur thèse et pas assez étonnés des autres, exigent toujours du spiritisme des preuves plus décisives, de sorte qu'ils ne pourront jamais être convaincus. Lorsqu'un savant est possédé par une idée préconçue, tous ses jugements en sont pour ainsi dire imprégnés ; il y ramène, avec ingéniosité, ce qui s'en éloigne ; s'il est à bout d'arguments plausibles, il se réfugie dans un inconnu problématique où il place en imagination des trésors d'énergie qui serviront plus tard à expliquer ce qui est présentement selon lui inexplicable et cet expédient lui permet de rejeter une explication que des savants non moins autorisés et philosophiquement plus indépendants estiment très naturelle. Déjà le spiritisme est pris en très sérieuse considération par des hommes de grande valeur qui hésitent encore à l'adopter et bien des symptômes font pressentir que l'animisme deviendra de plus en plus un pont sur lequel on passe et où on ne séjourne pas.

CHAPITRE XIX

LA VIE DANS L'INVISIBLE

Après avoir acquis la preuve de la survivance, on serait désireux de savoir dans quelles conditions nous survivrons. La médiumnité nous fournit des communications du plus haut intérêt ; il serait avantageux de pouvoir en comparer un très grand nombre provenant des sources les plus diverses, de manière à déduire logiquement de leurs ressemblances une communauté d'origine. Avec les documents dont on dispose, il est, néanmoins, permis de se livrer à des considérations générales qui, si elles ne satisfont pas entièrement notre curiosité, nous donnent cependant quelques clartés.

En me désincarnant, je ne suis pas un pur esprit ; j'ai un organisme fluidique dont la réalité s'accuse dans des phénomènes d'extériorisation et que nous verrions se dégager, pendant la crise de l'agonie, si nous avions des sens perfectionnés. Cet organisme ayant une ressemblance avec le corps charnel, c'est grâce à lui que les amis se reconnaissent dans l'Au-delà. Je reste donc une personne bien définie avec des traits distinctifs.

Ici-bas je suis emprisonné dans la chair qui m'opprime et souvent m'avilit. Quel allègement, lorsque je serai affranchi de cette servitude ! Je me transporterai dans l'espace avec la rapidité de la pensée et des facultés, maintenant inactives sous le voile, prendront leur essor. En entrant dans ce monde inconnu, nous éprouverons la surprise du voyageur qui aborde une région où tout lui est nouveau.

Je conserve néanmoins une étroite solidarité avec mon existence passée, suivi de mes œuvres qui portent leurs conséquences. Si j'ai été un épais matérialiste, négateur résolu de la vie future, je suis moins prompt à reconnaître mon changement de condition, et, quand j'en ai la révélation, je constate avec peine que je conserve mes goûts sensuels, sans avoir un corps pour les satisfaire : cette impuissance est le châtiment de mon infériorité. Si, au contraire, je me suis appliqué à vivre spirituellement, j'entre dans le monde invisible avec une mentalité mieux adaptée : c'est la suite toute naturelle d'une conduite moralement supérieure. Sur notre terre où la plupart des actes sont inspirés par l'égoïsme, l'homme occupé surtout d'intérêts matériels ne provoque pas le blâme ; on l'admire, s'il réussit. Il opère dans un milieu où cet emploi de ses talents est jugé d'autant plus légitime qu'il en résulte pour lui une multitude de satisfactions généralement convoitées. Parmi ceux qui le critiquent, beaucoup sont des envieux regrettant de ne pouvoir pas l'imiter et invoquant contre lui des principes de morale qu'ils s'empresseraient de négliger, si la fortune leur devenait favorable. Dans l'Au-delà les rôles sont intervertis. Tel qui maintenant se prélasse avec fierté dans un bien-être mal acquis sera plus tard un personnage amoindri, obligé, pour se mettre au niveau de sa nouvelle existence, de prendre une peine dont l'homme de mœurs plus pures, actuellement son subordonné, sera exempt.

Quel que soit mon degré de développement, je continuerai de vivre avec les tendances, y compris le libre arbitre, qui caractérisent la nature humaine. Qu'est-ce qu'une tendance ? Un penchant vers un but. Je constate les tendances à chercher la vérité, à pratiquer la justice, à exercer la bienfaisance, et d'autres qu'il serait trop long d'énumérer, se trouvant chez tous les hommes, ici à l'état rudimentaire, là dans un magnifique épanouissement, et n'aboutissant pas dans la vie présente. Si elles ne devaient pas aboutir ailleurs, la nature aurait fait, en nous créant, une œuvre singulièrement absurde, puisqu'elle aurait mis en nous des germes organisés pour rester improductifs. La doctrine d'une vie future en découle logiquement. A notre entrée dans l'Au-delà, nous ne ressemblons pas à des travailleurs plus ou moins méritants qui prennent leur retraite, les uns, les élus, avec des rentes, les autres, les réprouvés, avec le dénuement La vie se poursuit dans la lutte pour de nouvelles ascensions, les progrès que nous avons réalisés nous procurant une avance sur les retardataires. Nous sommes en marche vers un idéal qui grandit par nos efforts pour l'atteindre, et l'impuissance de nous reposer dans un résultat définitif, loin d'être un tourment, est une source de jouissances, grâce à la variété des impressions.

Tous les désincarnés possèdent la faculté de s'élever. Vous répugne-t-il de penser qu'un malfaiteur, condamné par les tribunaux ou assez habile pour esquiver le code, puisse finir par atteindre des biens réservés aux meilleurs ? Vous auriez le droit de protester, au nom de la conscience, s'il se trouvait, immédiatement après la désincarnation, au même niveau que l'honnête homme ; mais il est rationnel que, s'il use de son libre arbitre pour s'amender, il en soit récompensé par une amélioration de son sort, et, comme il ne suffit pas d'un bon mouvement pour transformer un caractère, comme la purification de l'âme est le fruit d'une forte discipline de la volonté, le bonheur qui en découle n'arrive qu'après une laborieuse préparation qui le justifie. Le repentir, fût-il très sincère, est le commencement de la sagesse, il n'en est pas la réalisation. C'est un germe qui contient la promesse du fruit ; celui-ci ne mûrira que plus tard, lorsque la plante aura suivi les diverses phases de sa croissance.

Cette conception de la vie dans l'invisible nous éloigne à certains égards des idées traditionnelles. Gardons-nous de prêter à Dieu les sentiments d'un tortionnaire. Voici l'un de ses enfants qui a eu le tort de se mal conduire. Nul ne songe à le disculper. Toutefois, en approfondissant, comme l'équité l'exige, les mobiles de sa conduite, ne découvrirait-on pas dans l'atavisme, l'éducation ou le tempérament des circonstances atténuantes ? Il a mérité une peine, d'accord ; mais la peine, pour conserver le caractère d'une juste répression, doit être proportionnée à la faute, sinon elle est une méchanceté contre laquelle le coupable a le droit de se poser en victime. Oseriez-vous traiter votre enfant avec une rigueur implacable, fût-il des plus répréhensibles ? Si vous étiez dans l'obligation de sévir, vous ne renonceriez pas à l'espoir de pardonner ; vous ne voudriez pas encourir le reproche de céder à un besoin de vengeance. Vous vous efforceriez, par un mélange d'indulgence et de sévérité, de provoquer le repentir en vue de la réconciliation. Nous sommes donc tous appelés à progresser. Qu'y a-t-il de si déplaisant dans cette perspective ? En quoi votre bonheur d'élu sera-t-il compromis ? Vous devriez, au contraire, vous réjouir de ce que les plus grands pécheurs, après avoir expié, recevront la récompense de leurs efforts pour se purifier. Les belles âmes ne sauraient être pleinement heureuses, tant qu'il leur manque le bonheur des autres, à moins que la peine temporaire ne soit la condition d'un état meilleur.

Chacun sera jugé par ses œuvres, comme on l'est du reste actuellement, autant que le permet l'imperfection de notre monde soumis au règne de l'injustice et de l'erreur. Quand un prévenu comparaît devant un tribunal, la loi, qui, dans l'intérêt de la société, confie au ministère public le rôle d'accusateur, lui assure le concours d'un avocat, et c'est après un débat contradictoire où des témoins à charge et à décharge ont été entendus, que les juges prononcent la peine, en se basant sur le code. On peut dire d'un coupable condamné justement qu'il l'est par lui-même, son châtiment dérivant de sa faute. Comparaîtrons-nous devant Dieu comme devant un juge, pour rendre compte de notre conduite? Sera-ce un acquittement? Sera-ce une condamnation? Dieu ne nous fera pas subir un interrogatoire, parce que, mieux instruit sur nous que nous-mêmes, il n'a nul besoin d'être renseigné. Impossible de lui rien cacher ; son verdict sera infaillible. Il ne mesure pas la peine sur la faute, après s'être minutieusement enquis de celle-ci. Il a organisé l'homme de telle sorte que, s'il use mal de son libre arbitre, il s'expose à des peines dont il gémira tôt ou tard. Un alcoolique est puni par le délirium tremens, et son juge, c'est la nature qu'il a violentée ; or, comme Dieu est l'auteur de la nature, il en résulte que nous sommes jugés par lui. Cette justice immanente n'est-elle pas une manifestation de la Providence aussi directe que le serait un jugement semblable à ceux de nos tribunaux ? Aussitôt après avoir rendu le dernier soupir, nous ne sommes pas envoyés, suivant nos mérites, dans des régions différentes, un ciel et un enfer localisés où l'on est éternellement heureux ou malheureux, à moins que, pour des fautes pardonnables, on ne fasse un stage dans le purgatoire avant d'être admis au paradis. La vie de l'Au-delà est la suite logique de la vie d'ici-bas avec la faculté d'évoluer.

On ne progresse pas sans changer : de quelle nature sera ce changement ? Si les désincarnés essayaient de nous renseigner, ils nous parleraient une langue que nous ne pourrions pas comprendre, puisqu'il nous serait raconté des choses hors de notre portée. Même sans sortir de notre sphère, exposez certaines découvertes de la science à un pâtre vivant continuellement avec son troupeau ou à un mondain exclusivement occupé de ses plaisirs, votre propos, si lumineux qu'il soit, n'entrera pas plus dans leur entendement qu'un idiome inconnu. Le monde nous apparaîtra bien différent, quand nous serons débarrassés de la chair. Vous avez entendu parler de la seconde vue, de la télépathie, de l'extériorisation de la sensibilité. Ces phénomènes sont l'indication de facultés latentes, le plus souvent inactives et ne prenant leur essor que dans des circonstances exceptionnelles. Il existe en nous un nombre indéfini de possibilités d'où surgiront plus tard devant notre esprit de vastes horizons. Je fais, pour les besoins de ma démonstration, la supposition que vous êtes aveugle de naissance. Si, par miracle, la vue vous était donnée, quelle ne serait pas votre stupéfaction ! Les objets les plus usuels, un candélabre, un livre, un tableau, une plante portant des fleurs et des fruits, tout cela vous produirait, quoique très ordinaire, l'impression d'une véritable féerie de formes et de couleurs dont aucune expression n'aurait pu susciter, dans votre esprit, la moindre image. Vous occupez toujours la même place dans l'étendue et vous n'êtes plus dans le même monde. L'acquisition d'un sens vous a valu cette révélation. Vous n'en êtes pas à croire que les cinq sens dont la nature nous a pourvus sont les seuls qui existent. Les animaux ont des facultés qui nous manquent. Si vous en aviez une de plus, notre planète changerait d'aspect. Que serait-ce donc si le nombre en augmentait considérablement ? Le germe en est déposé dans les profondeurs de notre être, pour fructifier aux diverses phases d'une évolution qui se déroulera dans l'éternité. Quels seront plus tard nos rapports avec l'univers, lorsque, doués d'un organisme subtil, nous aurons des moyens d'action plus puissants ? Ce que nous savons n'est rien en comparaison de ce que nous ignorons. L'espace au-dessus de nos têtes est un abîme où se meuvent, en nombre incommensurable, des humanités qui suivent régulièrement leur destin. A quels spectacles serons-nous conviés ? On ne penserait pas à cet avenir sans un tournement de tête, si nous n'étions garantis du vertige par la pauvreté de notre imagination.

On a des raisons de l'envisager avec confiance, cet avenir. Sans doute la mort, en déchirant le voile, provoquera en nous un rappel de la mémoire, comme il s'en produit dans certains accidents, et le tableau de notre vie se déroulera devant notre esprit avec une multitude de détails complètement oubliés. Ceux que nous jugeons, quelquefois à tort, les plus vertueux, seront humiliés par cette révélation. Mais les communications nous inclinent à croire qu'on a en général, dans la phase qui suit immédiatement le décès, plus de bonheur que dans la condition terrestre. Notre première satisfaction sera, puisque nous n'aurons plus notre chair, d'être exempts des souffrances si variées et parfois si aiguës que nous causent les troubles de l'organisme. Songeons aussi aux tourments qui naissent de la nécessité de nourrir, de loger, de vêtir le corps, et à ceux qu'on s'impose sottement pour lui procurer des jouissances souvent décevantes. Les aspirations de l'âme, dégagées de ces entraves, auront mille occasions de s'appliquer à toutes sortes de bonnes œuvres et nous ne nous perfectionnerons pas sans qu'il en résulte pour nous une augmentation d'agréments, parce que, n'étant plus contrariés par la chair dans la poursuite des biens spirituels, nous serons davantage dans l'ordre.

CHAPITRE XX

LA JOIE DU CROYANT

En attendant les compensations de l'Au-delà, la certitude de l'avenir qui nous est réservé doit, dès maintenant, remplir notre âme d'une belle sécurité. Malheureusement la foi, même quand elle est très ferme, a des moments de défaillance. Les appétits inférieurs, les soucis m'oppriment, sans compter les courants d'incrédulité qui m'ébranlent, s'ils ne m'entraînent pas, et la précieuse doctrine, au sein des tourbillons, paraît quelquefois compromise.

Elle me défend cependant contre le destin qui a si souvent l'allure d'un maître aveugle, capricieux et méchant dont les caresses ou les coups s'en vont un peu au hasard, avec une sorte d'incohérence, en apparence c moins. La lutte pour la vie nous pousse vers des engrenages qui nous broient, si nous ne savons pas manœuvrer dans la cohue des concurrents, car l'honnête homme, esclave de son devoir, est facilement distancé dans les affaires où les scrupules sont un poids lourd qui ralentit la marche. En voilà une tyrannie singulièrement irritante, celle du destin qui nous impose ses décrets incompréhensibles ! Soutenu par ma foi, je ne le brave pas, mais je le domine, assuré que le règne de l'injustice aura une fin et que, bientôt, j'obtiendrai la délivrance dans un pays où on réussit par d'autres moyens. Sans doute les heures de souffrance sont d'une longueur interminable ; je me dis que les années d'épreuve s'évanouiront comme un instant dans l'éternité. Supprimez l'espérance d'un monde meilleur, le spectacle de notre humanité devient exaspérant pour ceux dont la conscience restée jeune a conservé la faculté de s'indigner.

Je puis, grâce à cette perspective d'un avenir réparateur, regarder la mort en face ; elle n'est plus « le roi des épouvantements ». On s'en fait difficilement une idée très nette, même lorsqu'on en parle en termes très clairs. Nous marchons semblables à des somnambules sur le bord d'un abîme; si, accidentellement, nos yeux s'ouvrent, nous sentons passer dans tout notre corps un frisson. Aussi, n'aime-t-on pas que la conversation s'engage sur ce sujet. On dirait que l'idée de l'anéantissement de notre personne ne peut nous entrer dans l'esprit et que nous voulons en écarter le danger, en mettant entre nous et lui le voile de l'oubli. Précaution illusoire ! Le spectre lugubre vient de temps en temps troubler cette fausse paix, ou, s'il nous laisse tranquilles, nous avons au fond de l'âme une lie qui la remplit d'amertume, lorsque certaines épreuves la secouent. Je ne me rassérène que par la certitude de la survie. Je songe alors à ma fin presque avec plaisir, dans l'attente d'un voyage extrêmement intéressant, quoique la traversée soit en général pénible. Je me vois arrivant dans une région où de pauvre je deviendrai riche, puisque j'y ferai l'acquisition de biens spirituels en comparaison desquels les trésors de ce monde me produiront l'impression de la pauvreté, et je vieillis sans tristesse, persuadé que, ma tâche étant achevée sur la terre, j'irai en entreprendre une autre plus belle sur un plan plus élevé. La consolante éclaircie dans nos brumes d'ici-bas! Mourir, c'est être promu à une fonction supérieure.

Parmi les émerveillements qui nous sont réservés, l'un des plus doux sera de retrouver nos disparus. L'incrédule, quand il visite leur tombe, se les représente là tout entiers, en voie de décomposition, destinés à n'être qu'un peu de poussière, alors que leur souvenir sera complètement effacé. Le croyant aperçoit au cimetière l'image de notre misère. Il songe aux orgueilleux dont l'importance finira piteusement dans un mausolée, avec l'insignifiante compensation de titres inscrits sur le marbre funéraire. Parmi ces ruines, il sent monter dans son âme un chant de triomphe. Le disparu n'est pas sous terre. Il vit, il vit plus que moi, il vit d'une vie intense, affranchi des soucis dévorants de notre monde si laid, et je me demande pourquoi je suis venu à cette place où repose sa guenille et qui me répond par un silence de néant. Que fait-il en ce moment? Sur quel point de l'immensité se trouve-t-il ! Qui sait s'il n'est pas près de moi, attiré de loin par ma méditation? S'il était en mon pouvoir de ranimer ses restes, je ne résisterais pas à la tentation de le ramener à la surface. Et après? J'aurais satisfait mon égoïsme assurément excusable, et, des hauteurs où il planait, je l'aurais replongé dans notre bourbier où il ne tarderait pas à avoir la nostalgie du ciel. Nous connaissons des gens que la certitude du revoir a rendus capables de se résigner aux séparations les plus douloureuses.

Les bienfaits de la croyance, précieux en tous temps, le sont encore plus en ce moment, dans l'effondrement de la civilisation. Ah! certes, si persuadé qu'on soit de la réalité de l'Au-delà et des communications entre les morts et les vivants, il y a des heures où on ne se reconnaît pas le droit, quoique rassuré, de se réjouir, parce qu'on est rendu, par la délicatesse de son cœur, plus sensible à la détresse générale; mais la douleur n'a pas, si ce n'est dans les instants d'oubli, le caractère du désespoir. Dans quel état s'est mise l'humanité! Que d'illusions perdues! Nous avons connu des utopistes persuadés que, si la guerre était déclarée, les soldats de part et d'autre refuseraient de marcher. C'était une opinion courante que les hostilités ne pourraient pas durer longtemps, à cause des engins de destruction qui les rendraient trop meurtrières. On exprimait cette idée sur un ton sentencieux, comme s'il y avait de l'insanité à la contredire. C'est ainsi que nous faisons constamment des incursions dans l'avenir, sans avoir le moindre pressentiment des événements les plus proches. Nous avions cru que le progrès des lumières aurait pour conséquence une amélioration des mœurs et il se trouve que la science a fait alliance avec la barbarie chez un peuple ridiculement fier de sa culture et s'arrogeant une mission divine. Nous sommes revenus aux plus affreuses tragédies de l'histoire, même avec une férocité aggravée, car il semble que la bête humaine, quand elle est déchaînée, devient d'autant plus cruelle qu'elle a davantage les moyens de nuire. Notre pauvre espèce traverse une crise de folie furieuse; on va à l'abîme, la tête basse dans l'ouragan, avec une pâleur livide. Jamais on n'a autant pleuré; jamais il n'y eut un tel débordement de haine destiné à s'étendre sur une longue série de générations; jamais on n'assista à un aussi grand désastre de la morale. L'âme en proie à la détresse ne sait de quel côté se tourner pour éviter les visions d'horreur. Dieu disparaît dans une épaisse vapeur de sang fumant. Les uns le nient, d'autres le maudissent ; des croyants s'étonnent de ce qu'il n'intervient pas en faveur de la justice et sentent leur foi chanceler. C'est alors que beaucoup de désespérés, ne trouvant plus l'apaisement dans la prière, le cherchent dans l'Au-delà où ils se réconcilient avec la Providence à laquelle il leur serait impossible de croire, si elle ne leur réservait pas les compensations réclamées par la conscience. La pensée que les morts sont près de nous, mêlés à notre vie, leur est un viatique pour achever leur course. Quand le monde visible devient inhabitable, il est consolant de se réfugier dans le monde invisible où nous aurons sur le problème de la souffrance des clartés qui nous manquent.

Ici se présente une réflexion que vous avez entendu faire, que vous avez peut-être faite. Puisque ces convaincus ont la vision de la Terre promise, que ne prennent-ils la résolution d'y aller tout de suite ! Quelle duperie de rester dans un lieu malsain, quand on peut si aisément en sortir ! Suicidons-nous donc. Il entre ordinairement dans ce propos un grain de plaisanterie qui lui enlève son aspect lugubre. Il serait dommage, vous en conviendrez, que tous les croyants quittassent notre monde avec cette précipitation. Le dégoût qu'ils en auraient, à cause des méfaits qui l'enlaidissent, serait la marque d'une âme distinguée. Ainsi doués, ne vaut-il pas mieux qu'ils y prolongent leur existence pour atténuer les effets du matérialisme qui, en limitant les aspirations de l'homme aux intérêts palpables, abaisse l'idéal, débilite la volonté et attise les convoitises de la chair? D'ailleurs, abréger sa vie par une mort volontaire, c'est une rétrogradation, puisqu'on déserte le champ de bataille. Chacun est ici-bas à son poste de combat. Si on esquive les difficultés, on les retrouvera plus tard, obligé de les franchir pour avancer. Le danger d'une épidémie de suicide viendrait plutôt de l'incrédulité qui, en privant les malheureux des consolations de la foi, en pousse certains à se débarrasser d'une existence devenue pour eux insupportable. Si je me trouve trop mal en ce monde, je le quitte, parce que l'instinct de la vie n'est pas assez fort pour m'y retenir. En me suicidant, je ne fais que devancer, par une fatalité de mon tempérament, le moment faussement présumé de ma disparition. Suicidons-nous, si nous en avons le courage, car la mort qui anéantit la personne met fin à toutes les souffrances. Le croyant ne fera jamais ce raisonnement. Il attend avec sérénité la désincarnation, sûr que les épreuves dignement supportées ne le seront pas en vain. La vie présente n'est pour lui qu'une étape sur une route indéfiniment prolongée dans l'Au-delà. Il est donc content de vivre, bien que souvent brisé de fatigue, parce que le voyage a son but dans une région où il sera amplement dédommagé, et cette certitude lui met du soleil dans l'âme, malgré la tristesse des jours sombres et orageux.

Du sommet où me transporte la foi, le problème de la souffrance, quoique non résolu, m'apparaît moins angoissant dans la lumière de l'espérance. J'aimerais sans doute de savoir pourquoi je souffre ; j'en prendrais plus aisément mon parti, surtout si je parvenais à me persuader que, venu dans ce monde comme dans un pénitencier, j'expie des péchés commis dans une vie antérieure. Cette explication, qui me plaît par son caractère essentiellement religieux, laisse debout, ainsi que les autres, des objections qu'on n'a pas le droit d'éluder. Force nous est d'avouer humblement, malgré les anathèmes des dogmatiseurs, que nous n'y comprenons rien. J'éla_ bore en ce moment une idée. Je sens que le travail s'opère dans mon cerveau qui est un instrument merveilleux, même lorsqu'on fait avec lui de très médiocre besogne, et, de ce mécanisme, les docteurs les plus renommés connaissent à peine quelques parties. Il n'est donc pas surprenant que, dans la tentative d'expliquer l'univers, on aboutisse à des hypothèses toujours discutables. Les systèmes des métaphysiciens sont des balbutiements d'enfants, des prétentions de nains prenant des airs de géants et s'imaginant qu'ils ont grimpé aux plus hautes cimes des montagnes parce qu'ils les ont parcourues d'en bas avec une faible lunette. Cependant, si je parviens dans l'immense domaine du mystère à faire la clarté sur un point, à me convaincre qu'il existe un Au-delà où la personne humaine progresse, je puis nourrir l'espoir que, plus tard, dans la série de mes évolutions, je serai mieux informé. Je me contente de cette perspective comme d'un acompte. Par les tendances dont le Créateur a fait l'essence de mon âme, je suis une sorte de créancier envers qui a été contractée l'obligation de tenir des engagements. Pour le moment, faute de mieux, je me réjouis dans ma modeste condition, bénissant le ciel de n'être pas plus déshérité. Ma foi me donne la patience d'attendre. Sans elle, je maudirais le jour de ma naissance ; par elle, la vie s'embellit. Si j'avais l'assurance qu'à mon heure dernière, j'aurai la force de regarder la mort sans défaillir, je n'éprouverais, à y penser, que la satisfaction d'un homme qui doit échanger des loques contre un vêtement neuf. Je ne crains qu'une chose, c'est, dans le dépérissement de la chair, de ne pas conserver l'équilibre de l'esprit. Soyons, en considération de la faiblesse humaine, indulgents pour les malades qui, dans la crise finale, paraissent infidèles aux principes qu'ils affectionnèrent dans la santé.

Parvenu au terme de cette méditation sur ma misère, j'ai, avec un mélange de mélancolie, l'âme remplie de confiance. Établissons notre bilan spirituel, sans dissimuler nos déficits. L'entreprise est ardue, car, pour la mener à bonne fin, il faudrait avoir une conscience très lucide. Songez à la multitude d'erreurs de conduite que vous avez commises par ignorance et qui vous laissent des regrets, aux fautes que vous auriez dû éviter et dont vous éprouvez des remords, aux innombrables occasions de faire le bien que vous avez négligées et qui vous accusent, aux mouvements de convoitise, de jalousie, de haine, d'orgueil, de volupté ou d'hypocrisie qui souillent constamment votre cœur, sans devenir des paroles ou des actes connus de votre entourage. Cherchez dans vos souvenirs des faits précis pouvant être rangés dans ces diverses catégories; vous en trouverez très certainement et vous sentirez une rougeur vous monter au front, sinon vous ressemblez à un indigent aveugle qui ne voit pas les haillons dont il est vêtu. L'une des impressions les plus désagréables qu'on pût vous infliger serait de dérouler devant vous, n'y eût-il aucun témoin, le tableau cinématographique de votre existence. Le passé surgissant des profondeurs de l'oubli prendrait le visage sévère d'un accusateur. Or, ces produits d'une âme perverse subsistent toujours dans l'humanité. S'il nous était donné de suivre la trace de nos actions, nous serions parfois étonnés de leurs conséquences dans une interminable série de transmissions. Nous avons tous une part de responsabilité dans les méfaits et les malheurs de notre pauvre espèce. La valeur morale d'un homme se mesure à l'opinion qu'il a de ses mérites.

Manque-t-il de modestie, cela prouve la pauvreté de son idéal. Les confessions des saints sont empreintes de tristesse, parce que, dans le rayonnement de leur pureté, ils découvrent de la laideur là où le vulgaire voit des motifs de se glorifier. Cependant, quoique pauvre, je porte avec moi, brillant comme un diamant dans un tas d'ordures, ma vocation d'homme. Avoir une conscience où luit l'étincelle du devoir, envisager le triomphe de la justice dans les progrès de l'Au-delà, se sentir avec l'univers sous la direction du Souverain Législateur, et, dès maintenant, contempler la vérité se réalisant avec splendeur dans la vie des plus nobles représentants de l'humanité, en particulier dans celle de Jésus quelle grandeur dans notre petitesse ! Ne nous plaignons pas tant de souffrir, puisque nous devons revivre pour nous perfectionner.

FIN

TABLE DES MATIÈRES

	Pages.
Avant-propos. — Des préjugés.	I
I. — La recherche du bonheur.	1
II. — La cruauté de la nature.	7
III. — Les difficultés de l'existence.	15
IV. — Les déshérités.	28
V. — La guerre	39
VI. — L'humiliation du juste.	67
VII. — La détresse du penseur.	73
VIII. — Les jugements sur la vie.	83
IX. — La révolte contre le destin.	96
X. — Dieu et Satan.	102
XI. — Avons-nous mérité tous nos maux ?	113
XII. — La souffrance est-elle utile ?	124
XIII. — Sommes-nous déchus ?..	136
XIV. — La voix de la conscience.	151
XV. — L'invocation du Tout-Puissant.	179
XVI. — La question de l'Au-delà.	195
XVII. — Les personnalités psychiques.	218
XVIII. — Les apparitions matérialisées.	258
XIX. — La vie dans l'invisible.	315
XX. — La joie du croyant.	327

4328. — Tours, Imprimerie E. Arrault et Cie.

LIBRAIRIE FISCHBACHER, 33, rue de Seine, Paris

Les Phénomènes psychiques et la question de l'Au-delà, par Alfred Bénezech. In-16 . . . . 3 fr. 50

La Grande Aurore, par Paul Vallotton. I. *La Pensée moderne et l'Au-delà.* — II. *La Voix du Christ.* — III. *Voix des Systèmes. Voix des Églises. Voix de l'Humanité.* In-16.
3 fr. 50

Esprits et Médiums. — *Mélanges de métapsychique et de psychologie*, par Th. Flournoy. Gr. in-8 . . . . 7 fr. 50

Des Indes à la planète Mars. — *Etude d'un cas de somnambulisme avec glossolalie*, par Th. Flournoy. In-8. 8 fr. »

Les Grands Problèmes de l'Au-delà. *Conférences*, par A. Decoppet. 11ᵉ édition, in-16 . . . . 3 fr. »

Essai sur l'immortalité au point de vue du naturalisme évolutionniste. — *Conférences*, par Armand Sabatier. In-12. . . . . 3 fr. 50

La Croyance à la vie future et le culte des morts dans l'antiquité israélite, par Ad. Lods. 2 vol. in-8. 12 fr. »

Dialogue sur la vie et sur la mort, *suivi de quelques méditations sur les mêmes sujets*, par Charles Bonnefon. 2ᵉ édition. In-16. . . . . 1 fr. 50

Le Problème de la mort, par Wilfred Monod. 2ᵉ éd. In-12. . . . . 2 fr. »

Les Lois de la nature dans le monde spirituel, par Henry-M. Drummond. In-8 . . . . 7 fr. 50

Le Mystère du sommeil, par John Bigelow. In-16. 3 fr. 50

La Plainte humaine, par Charles Dollfus. In-16. 2 fr. »

L'Art de bien vivre et de bien mourir, par Ad. Schaeffer. In-16 . . . . 1 fr. 50

Le Bonheur. — *Esquisse d'une apologie rationnelle du christianisme*, par Ad. Schaeffer. In-16. . . . . 3 fr. 50

La Vieillesse, *ou l'art de vieillir heureux*, par Camille Rabaud. In-16 . . . . 3 fr. 50

TOURS, IMPRIMERIE E. ARRAULT ET Cⁱᵉ

www.ingramcontent.com/pod-product-compliance
Lightning Source LLC
Chambersburg PA
CBHW050301170426
43202CB00011B/1778